职业技术·职业资格培训教材

保育员（初级）

主　编　史静敏　马士薇

编　者　(以姓氏笔画为序)

　　　　马士薇　邓国英　史静敏　刘旦莉　吴慧华

　　　　邵慧玲　张建萍　张　晶　娄有世　高　蓓

　　　　彭志毅　童蕙云　姚蓓喜

主　审　邵慧玲　姚国英

中国劳动社会保障出版社

图书在版编目(CIP)数据

保育员：初级/史静敏编. —北京：中国劳动社会保障出版社，2006
职业技术·职业资格培训教材
ISBN 978-7-5045-5583-0

Ⅰ.保… Ⅱ.史… Ⅲ.幼教人员-技术培训-教材 Ⅳ.G615

中国版本图书馆 CIP 数据核字(2006)第 027267 号

中国劳动社会保障出版社出版发行
（北京市惠新东街 1 号 邮政编码：100029）
*
三河市华骏印务包装有限公司印刷装订 新华书店经销
787 毫米×1092 毫米 16 开本 10.5 印张 227 千字
2006 年 8 月第 1 版 2025 年 2 月第 30 次印刷
定价：20.00 元
营销中心电话：400－606－6496
出版社网址：http://www.class.com.cn

版权专有 侵权必究

如有印装差错，请与本社联系调换：（010）81211666
我社将与版权执法机关配合，大力打击盗印、销售和使用盗版图书活动，敬请广大读者协助举报，经查实将给予举报者奖励。
举报电话：（010）64954652

内 容 简 介

本教材由劳动和社会保障部教材办公室、上海市职业培训指导中心依据上海1+X职业技能鉴定考核细目——保育员（国家职业资格五级）组织编写。本教材从强化培养操作技能，掌握一门实用技术的角度出发，较好地体现了本职业当前最新的实用知识与操作技术，对于提高从业人员基本素质，掌握初级保育员的核心知识与技能有直接的帮助和指导作用。

本教材在编写中根据本职业的工作特点，分为保健和教养两个部分。每个部分又以能力培养为根本出发点，采用模块化的编写方式。保健部分包括小儿生长发育及体格锻炼，小儿营养基础知识与集体儿童膳食管理，微生物基础知识与消毒隔离，小儿常见病的预防，托幼机构意外伤害的预防，托幼机构常用基础护理法等内容。教养部分包括托幼机构的法规，婴幼儿心理发展，婴幼儿生活活动中的保育，婴幼儿游戏、学习、运动中的保育，托幼园所的设备、物品及保管，保育员专业技能技巧等内容。

为便于读者掌握本教材的重点内容，教材在每单元后附有思考题，全书最后附有知识考核模拟试卷和技能考核模拟试卷，并配有相应答案，供检验、巩固学习效果时参考使用。

本教材可作为保育员（国家职业资格五级）职业技能培训与鉴定考核教材，也可供中高等职业技术院校师生，以及供相关从业人员参加岗位培训、就业培训使用。

前　　言

　　职业资格证书制度的推行，对广大劳动者系统地学习相关职业的知识和技能，提高就业能力、工作能力和职业转换能力有着重要的作用和意义，也为企业合理用工以及劳动者自主择业提供了依据。

　　随着我国科技进步、产业结构调整以及市场经济的不断发展，特别是加入世界贸易组织以后，各种新兴职业不断涌现，传统职业的知识和技术也愈来愈多地融进当代新知识、新技术、新工艺的内容。为适应新形势的发展，优化劳动力素质，上海市劳动和社会保障局在提升职业标准、完善技能鉴定方面做了积极的探索和尝试，推出了1+X的鉴定考核细目和题库。1+X中的1代表国家职业标准和鉴定题库，X是为适应上海市经济发展的需要，对职业标准和题库进行的提升，包括增加了职业标准未覆盖的职业，也包括对传统职业的知识和技能要求的提高。

　　上海市职业标准的提升和1+X的鉴定模式，得到了国家劳动和社会保障部领导的肯定。为配合上海市开展的1+X鉴定考核与培训的需要，劳动和社会保障部教材办公室、上海市职业培训指导中心联合组织有关方面的专家、技术人员共同编写了职业技术·职业资格培训系列教材。

　　职业技术·职业资格培训教材严格按照1+X鉴定考核细目进行编写，教材内容充分反映了当前从事职业活动所需要的最新核心知识与技能，较好地体现了科学性、先进性与超前性。聘请编写1+X鉴定考核细目的专家，以及相关行业的专家参与教材的编审工作，保证了教材与鉴定考核细目和题库的紧密衔接。

　　职业技术·职业资格培训教材突出了适应职业技能培训的特色，按等级、分模块单元的编写模式，使学员通过学习与培训，不仅能够有助于通过鉴定考核，而且能够有针对性地系统学习，真正掌握本职业的实用技术与操作技能，从而实现我会做什么，而不只是我懂什么。每个模块单元后附有思考题，教材

前言

后附本级别的知识考核模拟试卷和技能考核模拟试卷，使受培训者巩固提高所学知识和技能。

本教材结合上海市对职业标准的提升而开发，适用于上海市职业培训和职业资格鉴定考核，同时，也可为全国其他省市开展新职业、新技术职业培训和鉴定考核提供借鉴或参考。

新教材的编写是一项探索性工作，由于时间紧迫，不足之处在所难免，欢迎各使用单位及个人对教材提出宝贵意见和建议，以便教材修订时补充更正。

劳动和社会保障部教材办公室
上海市职业培训指导中心

目 录

第一单元　小儿生长发育及体格锻炼 ……………………………………（1）
　第一节　小儿各年龄阶段的划分及保健 ……………………………（1）
　第二节　小儿体格生长与神经精神发育 ……………………………（2）
　第三节　小儿体格锻炼 ………………………………………………（5）
　思考题 …………………………………………………………………（7）

第二单元　小儿营养基础知识与集体儿童膳食管理 …………………（8）
　第一节　营养基础知识 ………………………………………………（8）
　第二节　小儿膳食安排与集体儿童膳食管理 ………………………（10）
　思考题 …………………………………………………………………（12）

第三单元　微生物基础知识与消毒隔离 ………………………………（13）
　第一节　微生物的基础知识 …………………………………………（13）
　第二节　托幼机构的卫生工作 ………………………………………（18）
　第三节　托幼机构的消毒 ……………………………………………（19）
　思考题 …………………………………………………………………（22）

第四单元　小儿常见病的预防 …………………………………………（23）
　第一节　小儿常见传染病 ……………………………………………（23）
　第二节　小儿常见内科疾病 …………………………………………（27）
　第三节　小儿常见外科、皮肤科疾病 ………………………………（31）
　第四节　小儿常见眼、耳、鼻及口腔疾病 …………………………（33）
　思考题 …………………………………………………………………（35）

第五单元　托幼机构意外伤害的预防 …………………………………（36）
　第一节　意外伤害概述 ………………………………………………（36）
　第二节　托幼机构安全工作要求 ……………………………………（37）
　第三节　托幼机构意外伤害的预防 …………………………………（41）
　思考题 …………………………………………………………………（44）

第六单元　托幼机构常用基础护理法 …………………………………（45）
　第一节　常用护理法 …………………………………………………（45）

目 录

  第二节 常见症状的护理法 ………………………………………………（50）
  思考题 …………………………………………………………………………（52）
第七单元 托幼机构的法规 ……………………………………………………（53）
  第一节 托幼机构法规概述 ……………………………………………（53）
  第二节 《条例》和《规程》的主要内容 …………………………………（57）
  第三节 《上海市母婴保健条例》主要内容 ……………………………（66）
  思考题 …………………………………………………………………………（67）
第八单元 婴幼儿心理发展 ……………………………………………………（68）
  第一节 婴幼儿心理概述 ………………………………………………（68）
  第二节 婴幼儿心理过程的发展 ………………………………………（73）
  思考题 …………………………………………………………………………（83）
第九单元 婴幼儿生活活动中的保育 …………………………………………（84）
  第一节 生活活动保育概述 ……………………………………………（84）
  第二节 生活活动中的保育 ……………………………………………（89）
  思考题 …………………………………………………………………………（95）
第十单元 婴幼儿游戏、学习、运动中的保育 …………………………………（96）
  第一节 婴幼儿学习活动中的保育 ……………………………………（96）
  第二节 婴幼儿运动中的保育 …………………………………………（100）
  第三节 婴幼儿游戏活动中的保育 ……………………………………（103）
  思考题 …………………………………………………………………………（107）
第十一单元 托幼园所的设备、物品及保管 …………………………………（109）
  第一节 保管的范围与保育员的职责 …………………………………（109）
  第二节 物品的清洁保管方法与要求 …………………………………（110）
  思考题 …………………………………………………………………………（111）
第十二单元 保育员专业技能技巧 ……………………………………………（112）
  第一节 音乐 ……………………………………………………………（112）
  第二节 美工 ……………………………………………………………（124）
  第三节 婴幼儿体操 ……………………………………………………（138）
  思考题 …………………………………………………………………………（147）

知识考核模拟试卷 …………………………………………………………………（149）
知识考核模拟试卷答案 ……………………………………………………………（156）
技能考核模拟试卷 …………………………………………………………………（157）

第一单元 小儿生长发育及体格锻炼

第一节 小儿各年龄阶段的划分及保健

一、小儿各年龄阶段的划分

儿童区别于成人的最大特点是生长发育,它是一个循序渐进、不断成长的过程。处于不同生长发育阶段的儿童有不同的特点,与保育工作者有较大关系的是6岁以下儿童。6岁以下儿童又可以划分为5个阶段。

1. 胎儿期

从受孕至胎儿娩出,约280天,称为胎儿期。母体受孕后2~8周是胚胎形成阶段,最易受不利因素影响而导致胎儿发育异常。胎儿在此时期生长发育迅速,母体的健康、营养状况等均会影响胎儿的生长。

2. 新生儿期

从出生至不满28天,称为新生儿期。这是一个特殊时期,新生儿从胎内依赖母体生活转到胎外独立生活,器官的发育和生理功能都需要进一步完善,以有利于生存。

3. 婴儿期

从生后28天至不满1周岁,称为婴儿期。此时期是小儿生长发育的第一个高峰期,体格和神经系统发育迅速,对营养要求高,蛋白质和热能需要量大。同时,婴儿自身的免疫系统尚在形成中，对疾病的抵抗力较弱。

4. 幼儿期

从1周岁至不满3周岁，称为幼儿期。此时期小儿体格生长比婴儿期相对减慢，但动作语言发育迅速。免疫力仍较低下，易患常见病、多发病和传染病。由于幼儿与外界接触增多，但对生活缺乏经验，因此，发生意外事故的机会较多。

5. 学龄前期

从3周岁至不满7周岁，称为学龄前期。此时期小儿神经系统发育逐渐完善，思维能力发展快，求知欲旺盛，学习能力增强，对疾病抵抗能力也有所增强，但因生活范围扩大，仍需注意预防意外事故和传染病的发生。

二、小儿各年龄阶段保健要点

小儿各年龄阶段保健要点见表1—1。

表1—1　　　　　　　　　　小儿各年龄阶段保健要点

各年龄阶段	保健要点
胎儿期	孕妇应加强孕期保健，预防孕早期感染，谨慎用药，避免接触有毒、有害物质；指导孕妇合理营养，有规律的生活，并保持情绪愉快；定期进行孕期检查，保证胎儿健康成长
新生儿期	做好新生儿访视工作，提倡母乳喂养；加强新生儿护理和保暖，减少新生儿与外界过多接触，避免交叉感染，降低新生儿死亡率
婴儿期	由于婴儿生长发育迅速，对营养要求高，而消化功能尚不完善，故要指导家长合理喂养，提倡母乳喂养，按时添加辅食；加强体格锻炼，以促进体格生长，增强机体抵抗力，并按时接受预防接种；加强教养和训练，促进感知觉、言语和动作的发育
幼儿期	根据幼儿神经精神发育快的特点，及时开展早期教育，为下阶段的智力发展做好准备工作；加强安全教育，预防意外事故的发生；继续做好计划免疫工作，预防急、慢性传染病的发生；为幼儿提供足够、合理的营养；培养幼儿良好的卫生习惯，加强五官的保健
学龄前期	加强对小儿的教养工作，促进其智力的发展，重视预防意外事故发生的安全教育；定期对小儿进行体格检查，积极开展五官保健工作

第二节　小儿体格生长与神经精神发育

一、小儿体格生长的主要规律

1. 体重的增长

体重的增长是小儿体格生长的重要指标之一，它能够反映小儿生长发育的综合情况。小儿的平均出生体重与国家的经济、文化、卫生保健水平有关，反映一个国家的发展水平。小儿体重增加的速度，随年龄的增长而减慢。一岁时体重约为出生时的3倍，前半年比后半年增长得更多。小儿各年龄体重大约可按下列公式计算：

$$1\sim6\text{ 月的体重}(g)=\text{出生体重}(g)+\text{月龄}\times800(g)$$
$$7\sim12\text{ 月的体重}(g)=\text{出生体重}(g)+6(\text{月})\times800(g)+(\text{月龄}-6)\times250(g)$$
$$2\sim10\text{ 岁的体重}(kg)=\text{实足年龄}(\text{岁})\times2+(7\sim8)$$

小儿体重的增长与合理营养、疾病有关。

2. 身高（长）的增长

身高的增长能够反映小儿长期的营养状况。小儿生后前两年身高增长快，第一年约增长 25 cm，第二年约增长 10 cm，两岁后每年平均约增长 5 cm，可按下列公式计算：

$$2\sim10\text{ 岁的身高}(cm)=\text{实足年龄}(\text{岁})\times7+70(cm)$$

影响小儿身高的因素很多，与遗传关系密切，但小儿后天的营养状况、体格锻炼、生活条件、内分泌等也是影响身高的因素。

3. 牙齿的发育

小儿出生后 2 年内萌发的牙齿称为乳牙，乳牙大约在小儿 6～10 个月月龄时开始萌出，2～2.5 岁长齐，一共 20 只，乳牙数约等于月龄减去 4～6。6 岁后长出取代乳牙的称为恒牙，大约 28～32 只。小儿牙齿的发育与其甲状腺及钙、蛋白质、维生素 D、维生素 A、维生素 C 等的摄入有关。同时，应注意口腔卫生，防止龋齿的发生。

4. 头围的增长

头围是反映大脑发育的指标，小儿 1 岁内头围增长快，其中以前半年增长最快。新生儿头围大约 34 cm，1 岁时为 46 cm，5～6 岁接近成人。头围与身高的比例，从新生儿的 1∶4 逐渐发育到成人的 1∶8。头围过大，超过均值的 2 个标准差，要考虑脑积水或佝偻病；而头围过小，低于均值的 3 个标准差，即头小畸形，要考虑脑发育不良。后囟一般在 3～4 个月闭合，前囟一般在 12～18 个月闭合，前囟晚闭常与脑积水、佝偻病等有关。

5. 胸廓的发育

肋骨和脊柱组成胸廓，胸围反映胸廓以及肺的发育情况。新生儿胸围比头围小，一般在 1 岁左右超过头围。如果小儿 2 岁后胸围还没超过头围，就可以认为是胸部发育不良。进行体育锻炼，保证合理营养，不仅可以减少肺炎、佝偻病等疾病的发生，还可以促进胸廓的发育。

6. 测量方法

衡量体格发育的主要指标有体重、身高（长）、头围和胸围等，测量工具及方法见表 1—2。

表 1—2　　　　　　体重、身高（长）、头围和胸围的测量工具及方法

主要指标	测量工具	测量方法
体重	杠杆式体重计，最大载重 50 kg	婴儿取卧位，1 岁以上儿童取坐位或立位。测量应在饭前便后，脱去鞋、袜、帽子和外衣，仅穿单衣裤，去除尿布。测量时，被测儿童应两手自然下垂，不摇动，不接触其他物体。测量结果读数以千克为单位，记录到小数点后二位。允许测量误差在 50 g 以内，如有疑问可复测一次

主要指标	测量工具	测量方法
身高（长）	测量身长使用卧式身长测量板，测量身高使用立式身高计	3岁以下儿童测量身长取卧位。测量前要求儿童脱去鞋、袜、帽，仅穿单衣裤。测量时，儿童仰卧于量床底板中线上，使头顶接触头板，两足底紧贴足板。3岁以上儿童测量身高，取立位。立正姿势，脚跟靠拢，紧贴身高计板。测量结果读数以厘米为单位，记录至小数点后一位。允许测量误差在0.1 cm以内，如有疑问可复测一次
头围	单位刻度为1 mm的软皮尺	3岁以下儿童取仰卧位，3岁以上儿童取坐位或立位。测量时，要求儿童脱去帽子，梳辫子的女孩先将辫子解开放松。将软尺零点固定于被测儿童头部的右侧齐眉弓上缘处，右手拉软尺从头部右侧绕经枕骨粗隆最高处而回至零点，注意软尺应紧贴皮肤。测量结果读数以厘米为单位，记录至小数点后一位。允许测量误差在0.1 cm以内，如有疑问可复测一次
胸围	单位刻度为1 mm的软皮尺	3岁以下儿童取卧位，3岁以上儿童取立位（不能取坐位）。测量时，要求儿童两手自然下垂，两眼平视前方。用左手拇指将软尺零点固定于小儿右侧胸前乳头下缘，右手拉软尺绕经两肩胛下角缘，经左侧而回至零点，注意软尺贴紧皮肤。测量结果取平静呼气和吸气时的中间读数，以厘米为单位，记录至小数点后一位。允许测量误差在0.1 cm以内，如有疑问可复测一次

二、小儿神经精神发育

1. 运动发育的规律

（1）上下规律。小儿的动作发育由头开始，逐渐到下肢。如先能抬头、支撑、独坐，然后站立、行走。

（2）正反规律。小儿正面的动作发育先于反面的动作发育。如先会向前走，然后会后退；先会拿东西，然后会放下。

（3）粗细规律。小儿手部的动作发育经历了由粗到细的过程，先是用手一把抓，到7～8个月时会用拇指和食指抓，然后会垂指抓。

（4）协调规律。小儿动作发育逐步由笨拙到协调，如5个月时有眼、手协调，6～7个月时手、腰协调。

2. 感觉器官的发育

（1）听觉。新生儿听觉不够敏感，但对强大的声音有眨眼反应。出生后2个月，听觉逐渐发展；3～4个月听声转头；8个月时眼、头转向声源。

（2）视觉。新生儿眼睛有光亮反应，给予强光时可引起缩瞳反应和闭目反应，对熟悉的面孔以及红色敏感。出生后3个月眼睛会跟随物体移动。视觉距离随年龄增长而改变。

（3）味觉。新生儿的味觉发育已较完善，能对愉快的、不愉快的味道有所表示。

（4）嗅觉。新生儿对强烈的气味有反应，7～8个月开始能分别出芳香的刺激。

（5）触觉。新生儿的触觉高度灵敏，对温度反应较敏感，但对痛觉反应较迟钝。

3. 语言的发育

语言的形成大致有一定程序，小儿从出生后第一声啼哭开始，逐渐会反射性发音，到3～4月时咿呀学语，6个月时无意识叫人，周岁时有意识叫人，慢慢理解更多词汇单句，最后进入语言交际阶段。语言发育的关键期在3岁前，但有很大的个体差异，一般女孩较男孩早些。语言的最终形成主要通过听音模仿，因此，要多与小儿交流，和他们经常说一些简单易懂，能与动作、物品相对应的话语，并且反复多次地讲，那么，小儿的语言发育就会比较迅速。

4. 对周围事物及人的反应

细心观察小儿的情绪变化和对周围事物的反应，对及时发现小儿是否患病有重大意义。在小儿患病的初期，往往情绪的变化早于症状和体征的出现。当发现小儿出现较之平常不同的情绪低落，或对周围事物反应淡漠时，要考虑是否有疾病发生。同时，可以通过观察小儿对周围事物及人的反应，来早期判断有否神经精神发育迟缓。正常小儿1个月时会微笑，4个月时能笑出声，7~8个月时能模仿一些动作，10~12个月时能挥手表示"再见"等，2岁时能在白天控制大小便。

第三节　小儿体格锻炼

一、小儿体格锻炼的意义

1. 增强小儿体质，提高抗病能力

（1）户外活动增加了小儿日晒的时间，日光中的红外线可刺激骨髓制造更多的红细胞和血红蛋白，减少贫血的发生。同时，裸露的皮肤通过日光中紫外线的照射合成维生素D，帮助机体吸收钙和磷，可以预防佝偻病的发生。

（2）在体格锻炼过程中，可使皮肤和呼吸道黏膜经常受到冷热刺激，促进皮肤对体温的调节功能，增强呼吸道对外界环境的适应能力和对疾病的抵抗力，减少疾病的发生。

（3）经常进行体格锻炼，可使皮肤的角化层逐渐增厚，从而增加皮肤对细菌等有害物质侵袭的抵抗力，减少皮肤的感染机会。

2. 促进生长发育

（1）促进小儿身高、体重的增长。经常进行体格锻炼，可增加小儿机体的能耗，加快新陈代谢，从而使食欲增加，消化系统吸收功能增强，以吸收更多营养物质来满足身体生长发育的需要。同时，体格锻炼后产生一定的疲劳感，促使小儿睡眠时间延长，睡眠质量提高，促进身高的增长。

（2）使神经系统活动灵敏度增加，促进智能和动作发育。体格锻炼时，机体各部分均在神经系统统一控制和调节下，协调完成各项动作。同时，由于活动能力增强，对周围事物接触机会增加，促进小儿的社会交往及知识技能等智能的发育。

（3）体格锻炼使小儿肌肉更发达，骨骼更强壮，同时呼吸运动增加，促使肺部、胸廓的发育。

3. 培养小儿良好的品质

体格锻炼中学习掌握一定的动作也许会遇到一些困难，有时还需要团队中小伙伴的共同努力才能完成，因此，在体格锻炼中，可以培养小儿勇敢、坚毅、乐观、团结、遵守纪律、热爱集体的优良品质，并养成一定的独立生活能力。

二、小儿体格锻炼常用方法及注意事项

1. 结合日常生活进行锻炼

（1）穿着。在日常生活中衣着要适宜，宜穿着棉质布料服装，以保证皮肤的正常排泄；款式应稍宽大、轻便，同时避免件数过多，使衣服里外空气流通，皮肤适应外界气候的变化而得到锻炼。

（2）睡眠。提倡开窗睡眠。保持室内空气流通、新鲜，使小儿得到充足的氧气，能促使其尽快入睡，并且睡眠深沉；睡眠时，小儿因呼吸到寒冷而新鲜的空气，使呼吸道得到刺激，增强了呼吸道的抵抗力；同时，空气的流通减少了室内空气的污染，从而降低了呼吸道疾病的感染率。

（3）沐浴。洗澡时，除了水温和体温之间的差异，还有水流对机体的刺激，以及对皮肤的抚触和按摩，都能使小儿得到锻炼，不仅能促进小儿体格生长，还可使其心情愉悦，保持生长发育良好，增强机体抵抗力。夏季时每天洗澡1~2次，冬春季至少2~3天一次。

（4）活动

1）户外活动。户外的新鲜空气可使小儿精神舒畅，呼吸变慢变深，呼吸功能增强。同时，户外运动可以增强小儿食欲，促进其体格生长。户外活动时接受日光照射，还可以刺激骨髓造血及增强骨骼的钙化。

2）体操。婴儿保健操可以促进小儿基本动作的发展，分为婴儿被动操（2~6月）和婴儿主被动操（7~12月）；幼儿体操可以促进小儿动作的灵敏性、协调性，分为竹竿操（1~2岁）和幼儿模仿操（1.5~2.5岁）。

2. 利用自然条件进行锻炼

（1）日光。晒太阳时要注意使皮肤直接接触阳光，如果没有条件去户外，在室内打开窗户也可以。晒太阳的时间每天大约1~2 h，夏季在上午9时之前，下午4时以后为宜，以散射光、反射光为好，避免直射。因此，应尽量选择在树阴下进行，避免太阳直射头部，并注意保护眼睛。冬季选择在上午9时到下午4时之间为宜。

（2）空气。空气锻炼主要是利用冷空气与皮肤表面、呼吸道黏膜之间的温度差，使呼吸道得到刺激，达到增强体质的作用。采取室内外活动交替，冬春季也要保证一定的户外活动，以得到新鲜、含氧充分的空气，并接受冷空气的刺激。户外活动时间应逐渐加长，直到大约每天2 h，分上、下午两次。夏季尽量安排在阴凉地方，如树阴下进行，冬天天气过于寒冷时可在室内开窗进行。

（3）水。水的锻炼主要是利用水温和皮肤表面的温度差进行，以增强对外界冷、热气

温变化的适应能力，提高皮肤的抵抗能力。

1）可采用冷水洗脸、洗手的方法，一般先从夏季开始，逐渐到春秋季坚持下去，并养成习惯。冬季天气过于寒冷时，可用温水，洗后立即用毛巾擦干。

2）冷水摩擦是利用水进行锻炼中刺激最温和的一种。经过1～2周的干擦期，逐渐过渡到湿擦期，每次摩擦时间为1 min左右，湿擦后用干毛巾擦干皮肤。湿擦适用于1岁以上的小儿，水温由开始的35℃左右逐渐降低，保持在25℃上下。

3）嬉水、游泳是利用水进行锻炼的好方法，除了水温、水压的刺激，孩子全身的肌肉、骨骼都能得到充分的锻炼，可促进体格的生长。生后几天的孩子就可以进行游泳锻炼了，水温掌握在35℃左右，时间由1～2 min逐渐延长到30 min左右。涉水嬉水时，水深在20～25 cm，而嬉水游泳时，水深以平小儿腰部为宜。托幼园所组织的小儿嬉水、游泳，必须遵照《上海市托幼机构儿童嬉水池管理要求》的相关规定进行。

思 考 题

1. 小儿年龄可以划分为几个阶段？简述幼儿期的生长发育特点。
2. 小儿体格生长的衡量指标有哪些？简述体重增长的规律。
3. 小儿神经发育包含哪些方面？简述运动发育的规律。
4. 简述小儿体格锻炼的意义。
5. 简要介绍结合日常生活进行体格锻炼的方法。

第二单元 小儿营养基础知识与集体儿童膳食管理

第一节 营养基础知识

一、热能需要

人体的一切生命活动都需要消耗热能，人体所需要的热能来自饮食中摄取的三大供能营养素，即蛋白质、脂肪和碳水化合物。

热能的生理功能是维护人体的基础代谢、生长发育、食物特殊动力作用、运动和排泄的需要。

1. 基础代谢的需要

基础代谢是维持人体在空腹、清醒、安静的状态下，在环境温度18~25℃时维持生命基本活动所需的最低热能，是维持人体基本生理活动的需要。婴幼儿期基础代谢的需要约占总需热能的50%~60%。小儿基础代谢较高的原因，与其生长发育较快有关。

2. 生长发育的需要

小儿正处于生长发育之中，年龄越小，生长越迅速，所需热能越多，且其所需热能与生长速度成正比。这是小儿特有的需要，也是与成年人最大的区别。

3. 食物特殊动力作用的需要

摄取食物后体内热能消耗增加，食物的这种刺激热能代谢的作用，称之为食物的特殊动力作用。摄取的食物不同，所需的热能也不一样。

4．运动的需要

肌肉活动需要热能，机体活动越强，消耗热能就越多；反之则越少。

5．排泄的需要

每天摄入的食物不能完全消化吸收，未能消化吸收的部分就随粪便排出体外，这也需要消耗热能。

二、七大营养素的名称和来源

人体必需的营养素一般包括以下七类：蛋白质、脂肪、碳水化合物、维生素、无机盐、水、膳食纤维，其中，蛋白质、脂肪、碳水化合物是三大供能的营养素，见表2—1。

表2—1　　　　　　　　　　七大营养素的名称和来源

名　称			来　源
蛋白质		动物性蛋白质	乳类、肉类、鱼类、禽类、动物内脏、蛋类等
		植物性蛋白质	豆类（毛豆、黄豆等）及其制品（豆腐、豆浆等），谷类（米、麦、玉米等），坚果类（花生、瓜子、核桃仁等）
脂肪		动物性脂肪	猪油、牛油、羊油、鸡油、乳脂（奶油、黄油）等
		植物性脂肪	豆油、花生油、菜子油、芝麻油、玉米油等
碳水化合物			谷类（米、面）、薯类（土豆、山芋）、豆类（蚕豆、黄豆）、糖类、蔬菜等
维生素。是维持人体正常生命活动所必需的营养素。与小儿营养密切相关的有12种。可分为脂溶性维生素（维生素A、维生素D、维生素E、维生素K）和水溶性维生素（维生素B_1、维生素B_2、维生素B_6、维生素B_{12}、烟酸、泛酸、叶酸、维生素C）	维生素A	动物性食物	以动物肝脏、肾脏中含量为多，乳类、乳制品及蛋黄含量丰富
		植物性食物	以含胡萝卜素为主，绿色与黄红色蔬菜含量最多，如菠菜、胡萝卜等
	维生素B_1（又称硫胺素）	动物性食物	动物内脏（肝、肾、心等）、肉类
		植物性食物	豆类、花生、酵母、未碾磨过的谷类、杂粮、蔬菜（芹菜叶、莴笋叶）
	维生素B_2（又称核黄素）	动物性食物	蛋黄、乳类、肝、肾、鸡肉、鱼
		植物性食物	绿色蔬菜、全麦、豆类、木耳、鲜香菇
	维生素C		新鲜的水果和蔬菜
	维生素D		海鱼肝脏、鱼肝油含量为多，乳类含量甚少。皮肤接受日照是获得内源性维生素D的重要来源
	维生素B_6		肉、鱼、禽、豆类、谷物、蔬菜
	维生素B_{12}	动物性食物	肉、蛋、鱼、禽、贝壳类。肝脏中含量丰富，乳类含量较低
		植物性食物	几乎不含此维生素
	维生素K		绿叶蔬菜、肝、肉类和乳类。由肠内正常细菌合成维生素K
	烟酸		肉类、肝、肾、鱼、坚果
	叶酸	动物性食物	动物肝、肾、蛋、鱼
		植物性食物	绿色蔬菜中的甜菜、菠菜、芹菜等，豆类、坚果、水果

续表

名 称		来 源
无机盐。占人体总重量0.01%以上的元素称为宏量元素，有7种；占人体体重0.01%以下的元素称为微量元素，有14种。与儿童营养密切相关的元素有钠、氯、钙、磷、铁、锌、钾、镁、铜、碘、硒等	钠、氯	食盐
	钙	乳制品、蛋黄、海产品
	磷	乳、肉、豆、五谷
	铁	肝、蛋黄、血、红瘦肉、菠菜
	锌	初乳、海产品、肝、肉、蛋、大豆、花生、蔬菜
	钾	植物性食物含量较多，蔬菜中含量丰富
水		摄入的液体、固体食物中的水分等，小儿体内的水分比成人多
膳食纤维		各种蔬菜及粗细粮食

第二节 小儿膳食安排与集体儿童膳食管理

一、安排小儿膳食的五项原则

1. 小儿膳食以乳类等软食为主，向固体食物转化

1～3岁儿童的膳食，乳类为重要食品。此时，乳牙逐步出齐，咀嚼消化能力增强，可吃烂饭及各种蔬菜与荤菜等。

2. 食物应适合小儿年龄及消化特点

应根据小儿年龄特点，选择适合小儿消化功能的新鲜、质好食品，避免吃过粗、过硬、过油、有刺激的食品。

(1) 小于2岁。食物应切碎末或泥，煮烂为宜。

(2) 2～3岁。食物应切细丝、小片、小丁、去骨、去刺煮软，坚果类食物如花生应磨碎，或煮成开花。

(3) 3～6岁。食物可以切成较大块，从去骨、去刺过渡到带较大的骨或刺。

3. 膳食安排要注意有足够的营养素

三大营养素的质量比为蛋白质∶脂肪∶碳水化合物＝1∶(0.9～1)∶(4～5)。

在安排膳食时，要注意足够的蛋白质与能量，无机盐与维生素的供应量也需充足，以维持营养成分的均衡。

三大营养素所产生的热能占总热能的比例，蛋白质为12%～15%，脂肪为25%～

30%，碳水化合物为 50%～60%。

动物性蛋白质及豆类蛋白质应达到蛋白质总量的 50% 以上。

热量摄入量占推荐摄入量的 90%～100%，蛋白质摄入量占推荐摄入量的 80%～100%。

4. 食谱应多样化，并合理搭配

食物的品种要多，且需合理搭配，提高膳食的营养价值。做到米面搭配，荤素搭配，干稀搭配，甜咸搭配，动物蛋白质与植物蛋白质搭配，深浅蔬菜搭配，粗细搭配。

5. 注意培养良好的饮食习惯

(1) 饮食要定时定量，不随意吃零食、糖果。

(2) 每次不给过多饭菜，待吃完再添。

(3) 吃饭时不宜训斥，养成在一定时间内把食物吃完的好习惯。

(4) 吃饭时，成人要做好榜样，不挑食，不偏食。

(5) 饭前做好用膳准备，如入厕、洗手，不边吃边玩。

二、集体儿童膳食管理的基本要求

1. 合理安排小儿就餐时间和次数

定时、定量进食，有利于幼儿正常消化，以及吸收功能的运转。

2. 根据不同季节制定适合幼儿年龄特点的食谱

按季节变化烹调不同食物，冬季可多用高热能食物，夏季可多用清淡爽口食物。

3. 控制每月膳食量的盈亏

准确掌握幼儿出勤人数，按人按量供应主副食，使每月膳食量盈亏控制在 2% 之内。

4. 遵守开饭时间

按时开饭，进餐时间不少于 30 min，两餐间隔 3～4 h，早点与午餐至少间隔 2 h。

5. 对小儿饮食状况及营养状况进行分析，发现问题及时采取措施

每月对小儿膳食进行膳食调查、营养分析。根据平衡膳食的标准，若发现问题，应在儿保医生的指导下及时改进。

三、营养室及营养员的卫生要求

1. 营养室的卫生要求

为保证小儿健康，预防传染病流行及食物中毒的发生，必须建立保证环境卫生、操作卫生，以及食具消毒、食品验收等的制度，并切实执行。

(1) 清扫卫生制度。要经常打扫卫生，每日小扫除，每周大扫除，保证下水道通畅，洁污池要分开。室内要有防蝇、防鼠设备。

(2) 食品卫生要求

1) 食具消毒。营养室应有食具煮沸消毒设施；消毒时应保证消毒效果，为防止再污染，消毒后的食具应有适当地方放置。

2) 食品验收。购进食物须经验收，以保证食物的新鲜、卫生。夏季要将食品放置于

阴凉处，最好能冷藏，变质食物绝对不能食用。肉类制品应有检疫证，豆制品应有送样单。

2. 营养员的卫生要求

做到"三白"（白帽子、白工作服、白口罩）"四勤"（勤洗头、勤洗澡、勤换衣、勤剪指甲），不涂指甲油，不带首饰。每年要参加健康检查，患有传染病时要主动报告，隔离治疗，及时复查，必要时暂时调离工作岗位。接触食物前、便后应用肥皂和流动水洗手，用专用毛巾擦手。烹调尝菜时，应备专用的尝菜碗和匙。

思 考 题

1. 什么是基础代谢？热能的生理功能是什么？
2. 人体所必需的营养素有哪七大类？蛋白质、脂肪、碳水化合物的来源是什么？
3. 小儿膳食安排有哪五项原则？
4. 如何根据小儿的年龄特点进行食物烹调？

第三单元　微生物基础知识与消毒隔离

第一节　微生物的基础知识

一、微生物的概念

微生物是自然界中一些肉眼不能直接看见的微小生物，必须用光学显微镜或电子显微镜将其放大几百倍、几千倍甚至几万倍才能看见。

1. 微生物的种类
（1）非细胞型微生物，如病毒。
（2）原核细胞型微生物，如细菌、放线菌、支原体、立克次体、衣原体、螺旋体等。
（3）真核细胞型微生物，如真菌。

2. 微生物的分布

微生物广泛存在于空气、水、土壤，以及各种物体的表面，甚至在人体、动物体、植物体内都有各种微生物。

（1）微生物在自然界的分布。微生物在自然界分布极为广泛。绝大多数微生物对人类和动物、植物是有益的，而且是必需的。例如，土壤中的微生物能将动物、植物有机蛋白质转化为无机含氮化合物，以供植物生长的需要，而植物又为人类和动物所食用。没有微生物，植物就不能新陈代谢，人类和动物也将难以生存。又如人们做面包、馒头时要用酵母;酿酒时也必须有微生物作为媒介。

有一部分微生物能引起人类和动物、植物的病害,这些具有致病性的微生物称为病原微生物。人类由病原微生物引起的疾病有痢疾、病毒性肝炎、结核等,禽畜由病原微生物引起的疾病有禽流感、猪瘟等,病原微生物同样会引起农作物的疾病。此外,微生物的破坏性还可表现在导致农副产品、生活用品的腐蚀、霉烂等。

(2)微生物在正常人体内的分布。微生物广泛存在于正常人体内,有些在一定条件下有利于人体的生理功能;有些却会致病。如肠道内保持一定数量的大肠杆菌有利于某些维生素的合成,但当大肠杆菌侵及泌尿道时,就会引起尿路感染;当肠道内各种细菌保持一定的比例时,它们互相制约,不但无害于人体,还可以帮助食物消化分解,但当某些原因使它们的比例失调时,就会引起腹泻;皮肤表面多见葡萄球菌,若皮肤遇损伤时会引起感染;口腔多见葡萄球菌、链球菌,鼻咽部多见葡萄球菌、链球菌、肺炎球菌等,当人体抵抗力下降时,这些病原微生物就会乘虚而入,引起疾病。

二、细菌

1. 细菌的形态

细菌按其外形可分为球菌、杆菌、螺形菌三大类,如图3—1所示。

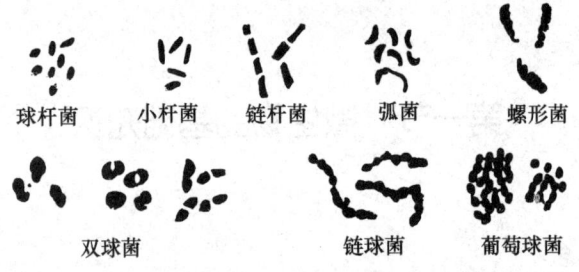

图3—1 细菌的基本形态

2. 细菌的构造

细菌的构造可分为基本构造和特殊构造。

(1)基本构造

1)细胞壁。是细菌最外层的构造,有维持外形和保护菌体的功能。

2)细胞膜。位于细胞壁内,包围着细胞浆,其主要功能是控制物质的吸收和排泄,与细胞壁共同维持细胞的通透性,调节渗透压。

3)细胞浆。是在细胞膜内、细胞核外的一种无色透明的黏液性胶体,是细胞新陈代谢的场所之一。

4)细胞核。位于细胞浆内的一种胶体物质,是细菌生长繁殖的重要结构。

(2)特殊构造

细菌细胞结构的简单模式如图3—2所示。

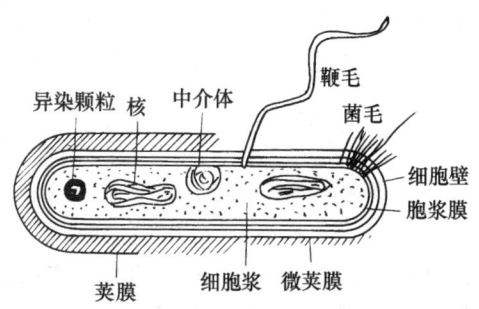

图3—2　细菌细胞结构的简单模式

细菌的荚膜如图3—3所示。

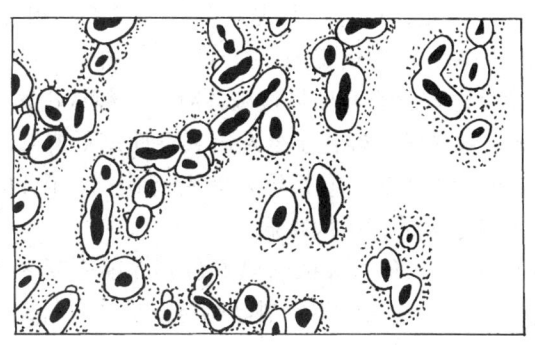

图3—3　细菌的荚膜

细菌的鞭毛如图3—4所示。细菌的芽孢结构模式如图3—5所示。

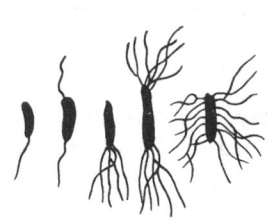

图3—4　细菌的鞭毛

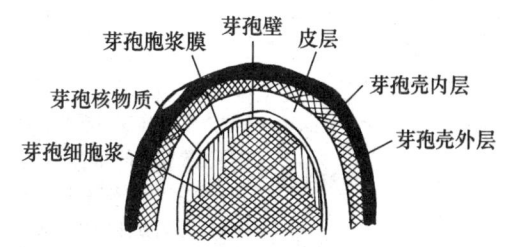

图3—5　细菌的芽孢结构模式

3. 细菌的生理

细菌和其他生物一样，必须从周围环境中摄取营养物质，以组成自己的细胞成分，供给代谢活动中能量的消耗，同时排泄废物，进行新陈代谢，以维持其生命活动。细菌的化学组成主要有水、糖、无机盐、蛋白质、脂类和维生素等，并有酶参与生理作用。

细菌是单细胞生物，其生长繁殖要有一定条件，如需要有营养物质、酸碱度等。细菌生长繁殖的酸碱度以偏碱性为宜，温度以20～25℃为宜，但病原菌以37℃为宜。有的细菌需要氧，有的则需要二氧化碳。细菌的繁殖方式是分裂繁殖，一般为每 20 min 繁殖一代。当各种条件适宜时，每一昼夜可繁殖 24~30 代，繁殖个数以亿来计算，足见细菌繁殖速度之快，数量之多。

4. 细菌的致病性

(1) 引起细菌致病的条件。细菌的致病性与细菌的毒力、入侵数量，以及入侵部位有关。

1) 毒力。是指病原菌致病力的强弱程度。毒力的大小取决于侵袭力和毒素。侵袭力是指细菌进入机体，能在体内存留下来，并进行生长繁殖和扩散的能力；毒素是细菌的代谢产物，可分为外毒素和内毒素两种。

①外毒素。某些细菌在生长繁殖中，可将毒素释放到菌体外面，这种毒素称为外毒素。外毒素的主要成分为蛋白质，毒性作用强，多数外毒素不耐热，在 60℃以下 1~2 h 即可被破坏。如果经化学处理，其毒性丧失，抗原性仍被保存，成为类毒素。

②内毒素。存在于菌体内，只有当菌体被破坏时，才释放出来。毒性较外毒素弱，但能耐温，在 100℃时也不会被破坏，经化学处理后其毒性也不消失。

2) 入侵数量。细菌进入体内需一定数量才能引起疾病，但也与致病菌的毒力有关，毒力小的细菌则需要较多的数量才能引起疾病。

3) 入侵部位。病原菌必须入侵人体的适当部位，才能引起感染。如痢疾杆菌只有入侵到消化道才能引起感染，进入皮肤则不致引起感染；破伤风杆菌入侵皮肤深部就会引起感染，但入侵消化道则不致引起感染。

(2) 常见的病原菌。常见的病原菌见表 3—1。

表 3—1　　　　　　　　　　　常见的病原菌

名　　称		特　　点
病原性球菌	葡萄球菌	广泛分布于自然界，如空气、水、土壤和物品上，也经常存在于人和动物的皮肤及与外界相通的腔道中，当机体抵抗力降低、营养不良、皮肤损伤时，易引起皮肤黏膜、各种组织器官的化脓性炎症，是最常见的化脓性球菌。儿童易感染，所致疾病如皮肤疮疖、化脓性中耳炎等。葡萄球菌的肠毒素还可以引起食物中毒
	链球菌	在自然界中分布也很广泛，经常存在于水、乳，以及人体上呼吸道和肠道中，但有部分菌型是非病原菌。引起人类的疾病主要有各种化脓性炎症，如扁桃体炎、淋巴结炎、猩红热等
	肺炎球菌	常寄生于正常人的鼻咽腔中，多数不致病或致病力弱，当机体免疫力低下时才致病，可引起肺炎
	脑膜炎双球菌	常寄生于正常人的鼻咽腔中，在机体抵抗力差时，可引起流行性脑脊髓膜炎

续表

名称		特点
致病性杆菌	大肠杆菌	是寄生在大肠内的小杆菌，为肠道的正常菌群，一般情况下不致病，且能合成维生素B和维生素K。但一部分致病的大肠杆菌能引起较严重的腹泻，较多见于2岁以下的婴幼儿。大肠杆菌在环境卫生和饮食卫生学上，常被用作粪便污染的检测指标，如托幼机构环境物体表面的采样中，大肠菌群是一项微生物指标，规定不得检出
	痢疾杆菌	是细菌性痢疾的病原菌，致病力较强，对消毒剂敏感，但易产生耐药性
	结核杆菌	是引起结核病的病原菌

三、常见的致病病毒

病毒是一类体积微小，结构简单，仅有单一核酸，只能在活细胞内生长繁殖的非细胞形态的微生物，绝大多数需要在电子显微镜下才能见到。病毒在自然界分布非常广泛，人类、动物、植物、昆虫等均有病毒寄居，并常会引起感染。有资料证明，人的传染病约有75％是由病毒引起的。大多数病毒耐冷不耐热，在0℃以下温度能良好生存，但在55～60℃温度下，几分钟到十几分钟内即被消灭，在100℃时则在几秒钟内被消灭。但甲型肝炎病毒需在100℃温度下经5 min，乙型肝炎病毒则需在100℃温度下经10 min才能被消灭。所以，利用煮沸或蒸汽的高温是消灭病毒的最好方法。此外，化学药品中有能够消灭病毒的消毒剂，如托幼机构常用的过氧乙酸、含氯制剂、乙醇等。

常见的致病病毒见表3—2。

表3—2　　　　　　　　　　　常见的致病病毒

名称		特点
呼吸道病毒（在急性呼吸道感染中有90％以上是由病毒引起的，其感染后发病率很高，传染快，流行广泛）	流行性感冒病毒（简称流感病毒）	是引起流感的病原体，流行性感冒冬、春季节多见，流感病毒随飞沫传播侵入易感者呼吸道而引起感染。病人鼻咽分泌物含病毒最多，传染性最强。流感病毒对干燥、日光、紫外线，以及化学药品较敏感
	麻疹病毒	是引起麻疹的病原体，主要通过呼吸道感染。自婴儿广泛接种麻疹疫苗后，麻疹的发病率已显著下降
	其他呼吸道病毒（腮腺炎病毒、疱疹病毒、风疹病毒等）	都是经呼吸道感染后引起的相应疾病，如腮腺炎、水痘和风疹
肠道病毒	肝炎病毒	肝炎病毒是引起病毒性肝炎的病原体。其中，甲型肝炎病毒主要通过粪口途径传播，以日常生活接触为主要传播方式。发病季节多在冬、春季，以儿童和青年发病为多见
	脊髓灰质炎病毒	脊髓灰质炎病毒可引起脊髓灰质炎，又名小儿麻痹症。传播途径主要通过粪便污染水源及食物，经消化道感染
虫媒性病毒		主要由蚊虫传播。虫媒病毒可引起流行性乙型脑炎，故预防乙脑最根本的措施是灭蚊

第二节　托幼机构的卫生工作

一、环境卫生

1. 园（所）舍卫生

托幼机构的园（所）舍应空气流通，日照充足，排水通畅，场地平整，周边环境优美，远离河流和污染源。不应与集贸市场、公共娱乐场所、医院、垃圾处理站等环境喧闹、杂乱或不利于儿童身心健康成长，危及幼儿安全的场所相毗邻。儿童生活、活动用房宜朝向东、南方向，营养室、隔离室、观察室与幼儿活动场所间应相隔一定距离。

2. 保护水源不受污染

营养室、盥洗室（厕所）内的清洁水池（洗肉类的水池、洗蔬菜的水池、洗碗淘米池、洗手池等）应与污物清洗池（洗拖把池、洗尿布池）严格分开。下水道及阴沟应保持通畅。

3. 消灭四害

托幼机构应定期灭蚊、灭鼠、灭蟑螂、灭苍蝇，消灭蚊蝇的孳生地。灭四害的工具或用品应采用有质量标志的环保产品，宜用灭蚊拍、捕鼠夹或粘鼠板、捕蝇器等，不可投放灭害药物。定期灭鼠、灭蟑螂应安排在儿童离园（所）以后的时间进行。

4. 建立环境清扫制度

应做到每天一小扫，每周一大扫，保持室内、外环境整洁无害，并定期检查。打扫卫生的操作顺序应由上到下，从相对清洁的区域到脏污的区域。以下是日常清洁打扫的具体要求，一旦托幼机构发生传染病应加强消毒。

（1）晨间打扫。每天早晨打开活动室、卧室的窗，固定窗钩，保持空气的流通，用消毒液擦拭活动室、卧室的物体表面，如玩具柜、桌面、窗台、门等。婴托班用的围栏、坐椅也应每天用消毒液擦拭。用半干的拖把拖净地面。活动室、卧室做到家具整洁无灰，物品摆放整齐。

（2）盥洗室的打扫。每天打扫两次，即在幼儿午睡时和幼儿离园（所）后各打扫一次。用消毒液从上到下擦拭墙面瓷砖及便器扶手。用洁瓷精或去污粉擦净，并冲净洗手池、便器（便盆、坐便器、便池），先冲后用洁厕液擦再冲净，最后用消毒液消毒，便池踏脚处和放便盆的架子也应清洁消毒，用消毒液拖净地面，并保持干燥。盥洗室应做到整洁通风、无污垢、无臭味，清洁用具每班专用，并保持清洁。

（3）室外场地的打扫。每天早晨清扫户外活动场地，用湿抹布擦净幼儿触及到的大型运动器具的表面，定期用消毒液擦拭。楼梯、走廊、阳台也应做到地面干净，栏杆无灰，不堆放杂物。

（4）幼儿离园（所）后活动室的打扫。幼儿全部离开后开始打扫，整理班内的玩具、用品，桌椅摆放整齐，清扫地面，检查水、电、煤开关是否关闭，最后关好门、窗。

二、个人卫生

1. 幼儿的个人卫生要求

（1）幼儿日常生活用品应专人专用，并做好清洁消毒工作。餐具、茶杯、毛巾用后即清洗消毒，床单、被套每月洗1～2次，被褥每两周晒1～2次。

（2）幼儿食前、便后应用肥皂、流动水洗净双手，早、晚及饭后要洗脸。2岁以上幼儿饭后应漱口，3岁以上幼儿学会早晚用正确方法刷牙。

（3）寄宿制托幼机构宜用流动水设备每天为幼儿洗脚、洗屁股，洗屁股用盆应专人专用。定期为幼儿洗头、洗澡。盥洗用的毛巾每次用后清洗消毒。每周剪指甲一次，每两周剪趾甲一次。

（4）幼儿服装保持整洁，衣裤、内衣勤换洗。婴儿尿布勤换，洗净后用开水烫过或用日光暴晒。

（5）保护幼儿视力，注意室内采光，照明应符合要求，培养幼儿良好的用眼卫生习惯。

（6）养成幼儿良好的生活卫生习惯，如不随地大小便和吐痰，不乱丢废弃物，不咬指甲，用手帕或餐巾纸擦鼻涕等。

2. 工作人员的个人卫生要求

（1）工作人员应保持仪表整洁大方，上班时宜穿便于活动的工作服、鞋，不穿高跟鞋，不戴戒指、长耳环，不化浓妆，不吸烟，不留长指甲。

（2）做到食前、便后，上班接触幼儿前，为幼儿开饭、开点心前，打扫卫生后均应用肥皂和流动水洗净双手。

（3）养成良好的卫生习惯，勤洗头、洗澡、换衣、剪指甲，不随地吐痰，不乱丢废弃物。

第三节　托幼机构的消毒

一、托幼机构消毒的有关知识

1. 预防性消毒

虽然没有发现明显的传染源，但场所和物品可能被病原体污染，因此而进行的消毒称预防性消毒。如托幼机构的食具、毛巾、玩具、便器、餐桌等，均应按要求进行日常预防性消毒。预防性消毒的目的是切断传染病的传播途径，是预防传染病的重要环节。

2. 托幼机构常用消毒方法

托幼机构常用消毒方法见表3—3。

表3—3　　　　　　　　　托幼机构常用消毒方法

消毒方法		具体操作
物理消毒法。煮沸消毒和蒸汽消毒是利用高温杀灭病原微生物，是托幼机构中常用的简便而有效的消毒方法	开窗通风	既方便有效又经济实用，是托幼机构首选的空气消毒方法。方法为每天通风2~3次，每次30 min以上。在使用空调的情况下，也应坚持用此方法
	煮沸消毒	对耐湿耐热物品最简便、有效的消毒方法，托幼机构中食具、茶杯、毛巾等物品常用煮沸的方法消毒。使用煮沸消毒法时应注意两点：一是被消毒的物品应完全浸没于水中，二是消毒的时间应从水沸腾后开始计时
	蒸汽消毒	是对耐湿耐热物品的另一种简便有效的消毒方法，托幼机构的食具、茶杯、毛巾等物品常用蒸饭箱或蒸汽箱进行蒸汽消毒。使用蒸汽消毒法时也应注意两点：一是消毒物品应疏松放置不可紧叠，二是消毒的时间从水沸腾出汽后开始计时
	紫外线消毒	用于室内空气与光滑物体表面的消毒，可定期照射。空气消毒的方法为按≥1.5 W/m³安装紫外线灯，高度不超过2 m，每次消毒30 min以上。使用时必须注意在无人逗留的情况下进行，避免紫外线对人眼睛及皮肤的灼伤，消毒后开窗通风，驱散残留臭氧后才可进入室内。另外，还应注意紫外线灯管的清洁和使用寿命，因为这二者都会影响紫外线辐射的效果。空气消毒前，先将室内打扫干净再照射紫外线，以提高消毒的效果
化学消毒法。利用药物杀灭病原微生物，所用的药物称为化学消毒剂。托幼机构常用的化学消毒剂有含氯消毒剂、过氧乙酸、碘伏等。用消毒液消毒物品时，应掌握消毒剂的有效浓度及消毒时间，用消毒液浸泡时，药液必须浸没物品	含氯消毒剂	可杀灭一切致病微生物，适用于物体表面、玩具、便器、水等的消毒。使用时可用浸泡、擦拭、喷雾、干粉等方法消毒。使用溶液应配现用，最长使用期不超过3天。可用测氯试纸测定药液的浓度，当溶液浓度低于规定的标准浓度时应停止使用
	过氧乙酸	可杀灭一切微生物，可用于体温表、压舌板、手、衣物、空气等的消毒。使用时可用浸泡、擦拭、喷雾、熏蒸等方法消毒。过氧乙酸的化学性质不稳定，使用溶液应配现用每天更换。如使用AB液，A液B液混合后须24 h以上才能使用
	碘伏	能杀灭细菌繁殖体、部分真菌与病毒，适用于皮肤、黏膜等的消毒。可用浸泡、刷洗方法消毒

3. 常用消毒药液配制方法

(1) 配制工作程序

1) 准备水盆、水桶、量杯及消毒药物。

2) 根据药液浓度要求，配制所需要的消毒液。一般可以先把水放入盛器到相应的刻度或用量杯倒水，再加入所需的药。

3) 将配制好的消毒液搅匀，使药物彻底溶解于水，盛器加盖。

4) 消毒液应放在幼儿碰不到的地方，消毒药物应专人加锁保管。

(2) 配制举例

1) 配制500 mg/L有效氯消毒液5 000 mL。托幼机构常用的消毒片每片含有效氯

500 mg,配制时先在盛器内用量杯放水 5 000 mL,即 5 L,加入 5 片含氯消毒片,待其溶化再充分搅拌后才可使用。

2) 配制 0.2%过氧乙酸 1 000 mL。取水 998 mL,加入过氧乙酸原液 2 mL。

二、托幼机构各种物品的清洁与预防性消毒的方法

托幼机构各种物品的清洁与预防性消毒的方法见表 3—4。

表 3—4　　　　　　各种物品的清洁与预防性消毒的方法

物品	清　洁	消　毒
食具	所有盛食物的盛器,包括碗、盆、杯、筷、匙、锅、勺、夹等用过后先用洗洁精浸泡,然后用食具专用抹布进行清洗,碗(杯)的口、底、杯柄均洗净,再用流动水反复冲净,清洗完毕将食具依次排列放入待消毒的盛器中	所有食具均应用一次消毒一次。用煮沸消毒法时,水面应浸没所有食具,水沸腾后再煮 10 min;用蒸汽消毒法时,水沸腾冒汽后再蒸 30 min。消毒完毕后把碗、杯、锅等放置沥干残水,消毒过的食具放进熟食间保洁存放。茶杯放入茶杯箱,拿杯子时手不碰杯口,杯柄朝外,杯口朝上
毛巾	用过的毛巾先用洗涤剂洗,再用流动水清洗干净,幼儿擦脸、洗屁股、洗脚、洗澡毛巾均用一次清洗一次,如果幼儿擦手的毛巾是一人一巾,应每天换洗一次。洗净的毛巾疏松地放入待消毒的盛器中,不可厚叠或扎紧毛巾	清洗干净的毛巾应消毒,用煮沸消毒法时,水面应浸没毛巾,水沸腾后再煮 10 min,用蒸汽消毒法时,水沸腾冒汽后再蒸 30 min。擦脸、洗屁股、洗脚、洗澡毛巾均用一次消毒一次,擦手毛巾每天消毒
茶桶	每天早晨倒去茶桶里的隔夜水,用茶桶专用抹布、流动水由内向外冲洗干净,倒适量开水,晃动茶桶,冲洗桶内壁和放水龙头	茶桶每周消毒 1~2 次,用消毒液和专用抹布由内向外擦洗,并打开水龙头流出消毒液。消毒后用开水反复冲洗桶内壁及放水龙头
玩具	塑料玩具先用洗涤剂洗,再用流动水清洗干净;木制玩具用湿抹布擦洗;户外大型运动器具用湿抹布擦洗。玩具每周清洗一次	图书松散地放置在日光下暴晒;木制玩具、户外大型运动器具用消毒液擦拭;塑料玩具清洗干净后用消毒液浸泡 30 min,再用流动水冲净,晾干。玩具一般每周消毒一次,但婴托班和发生传染病的班的玩具应加强消毒
席子	夏季每天用温水擦拭,擦时应适度用力有序地来回擦,擦后放阴凉处晾干,收席子用对折的方法	每周 1~2 次用消毒液擦拭,过 20 min 后再用清水擦一遍,放阴凉处晾干,收席子用对折的方法。发生传染病的班,席子应每天消毒
桌、椅	幼儿桌子每晨及餐前 20 min 用清水擦,餐后先用洗洁精再用温水擦;幼儿坐椅每周擦一次,婴托班的坐椅每天擦一次。擦桌、椅时抹布以半干半湿不滴水为宜,抹布勤搓洗。擦桌子时应适度用力有序地来回擦,先擦桌面再擦四边	幼儿桌子在进餐前 20 min 先用清水擦净,再用消毒液擦,过 20 min 用拧干的消毒抹布擦干;婴托班的坐椅每天用消毒液擦。擦拭的方法与桌、椅清洁相同
便器	便器使用后立即冲洗干净,抽水马桶每天 2 次由外至内擦。便盆、便池、抽水马桶均定期用洁厕液擦,擦后用清水冲净	有大便的便盆用后即冲洗消毒,小便便盆、抽水马桶、便池均每天消毒 2 次,时间在幼儿午睡时和幼儿离园后。便盆消毒应浸没在消毒池或大消毒桶内,放入便盆后加盖浸泡 30 min。抽水马桶、便池用消毒液擦。消毒便器的抹布应专用,使用时勤搓洗,用后洗净放在有标记的固定处

思 考 题

1. 微生物在正常人体内都会致病吗?
2. 引起细菌致病有哪些条件?
3. 常见的呼吸道病毒、肠道病毒有哪些?
4. 环境清扫的要求是什么?包括哪些内容?
5. 预防性消毒的定义是什么?目的是什么?
6. 简述托幼机构空气和各种物品的清洁与预防性消毒的方法。

第四单元　小儿常见病的预防

第一节　小儿常见传染病

一、小儿传染病概述

1. 传染病的定义

传染病是由病原微生物（病毒、细菌等）或寄生虫（原虫、蠕虫）感染人体后产生的有传染性的疾病。

2. 传染病流行的三个环节

传染病的流行过程是传染病在人群中蔓延的过程，流行过程必须具备三个基本环节，即传染源、传播途径及易感者。

（1）传染源。体内有病原体生长繁殖并向体外排出的人和动物。如病人、隐性感染者、病原携带者、受感染动物等。

（2）传播途径。病原体由传染源排出后，再侵入易感者所经过的途径。如通过呼吸道传播、消化道传播、日常接触传播、虫媒传播、土壤传播等。

（3）易感者。对某一传染病缺乏特异性免疫力的人。人群对传染病易感的程度称为易感性，人群易感性高低与人群的免疫水平有关。

3. 控制传染病流行的三个环节

（1）控制传染源。对传染病患者必须做到早发现、早诊断、早报告、早隔离、早治疗。对病人和带菌者进行隔离治疗，对接触过病人的易感者应进行医学观察直至潜伏期结束。

（2）切断传播途径。根据各种传染病的不同传播途径，采取不同的防御措施。凡病人接触过的环境和物件等必须做好严格的消毒。

(3) 保护易感人群

1) 注意卫生习惯，合理营养，锻炼身体，提高人群的非特异性免疫力。

2) 按时预防接种，提高人群主动或被动特异性免疫力。

3) 对接触过病人的易感者应进行医学观察直至潜伏期结束（又称医学观察期）。

4) 对某些细菌性传染病可给以预防性服药。

二、小儿常见传染病

1. 流行性腮腺炎

流行性腮腺炎是由腮腺炎病毒引起的急性呼吸道传染病，是以腮腺的非化脓性肿胀和疼痛为特点的非化脓性炎症。

2. 水痘

水痘是一种由疱疹病毒引起的急性呼吸道传染病，以同一时期可见斑疹、丘疹、疱疹和结痂为特征。

3. 细菌性痢疾

细菌性痢疾是小儿较常见的一种肠道传染病，由痢疾杆菌所致。临床以发热、腹痛、里急后重及黏冻脓血便为主要症状。根据病程及病情可分为急性菌痢和慢性菌痢。

(1) 急性菌痢。分为普通型（典型）、轻型（非典型）、中毒型。

(2) 慢性菌痢。急性菌痢病程迁延超过2个月病情未愈者称慢性菌痢，可分为慢性迁延型、急性发作型、慢性隐匿型。

4. 甲型肝炎

由甲型肝炎病毒所引起，主要通过粪口传播，临床上以疲乏、食欲减退、肝肿大等为主要表现。

小儿常见传染病的病原学、流行病学、临床特征及预防见表4—1。常用消毒方法见表4—2。

表4—1　　　　小儿常见传染病的病原学、流行病学、临床特征及预防

	病原学	流行病学		临床特征	预　　防	
流行性腮腺炎	腮腺炎病毒	传染源	病儿及隐性感染者	潜伏期14～21天，平均18天。发热、食欲不振、头痛、呕吐等；以耳垂为中心的腮腺肿胀（单或双侧）；边缘不清，触之有弹性感及触痛，腮腺管口可见红肿，张口和咀嚼时有胀痛感。腮腺肿大2～3天达高峰，持续4～5天后逐渐消退	控制传染源	患儿应立即隔离，至腮腺肿退后1周
		传播途径	通过唾液飞沫吸入传播		切断传播途径	开窗通风，空气消毒。用紫外线消毒1 h，紫外线照射1.5 W/m^3 或用空气消毒剂喷雾。接触物品终末消毒
		易感人群	患者主要是儿童。冬春季节为流行高峰，一次感染后，可获得终身免疫		保护易感儿	发病班级应医学观察21天；加强晨检与全日观察，观察小儿是否有发热、腮腺肿大（单或双侧），发现后及时隔离；不并班、不串班、不收新生；检疫班物品与其他班级分开使用及消毒；对易感人群接种腮腺炎疫苗

续表

	病原学	流行病学		临床特征	预防	
水痘	疱疹病毒	传染源	急性期病人	潜伏期10～21天。发热，一般在39℃以下。临床表现轻重不一，食欲减退、头痛，持续1～2天后即出现皮疹，多见于头部、面部或躯干。四肢远端较少。发疹2～3天后，同一部位丘疹、斑疹、疱疹、结痂同时存在。水痘为自限性疾病，约10天左右自愈。	控制传染源	病儿应立即隔离至旧痘结痂，无新痘出现
		传播途径	传染性很强，通过飞沫传染或接触传播		切断传播途径	开窗通风，空气消毒。用紫外线消毒1 h，紫外线照射1.5 W/m³或用空气消毒剂喷雾；接触物品终末消毒，加强毛巾、玩具、食具、杯子、便器、内衣、被褥、席子等的消毒
		易感人群	婴幼儿和学龄前儿童发病较多，冬春两季发较多，一次患病可获终身免疫		保护易感儿	发病班级应当医学观察21天；加强晨检及全日观察，注意观察小儿有无发热皮疹出现，发现后及时隔离；不并班、不串班、不收新生；检疫班物品与其他班级分开使用及消毒；易感儿接种水痘疫苗
细菌性痢疾	痢疾杆菌	传染源	病人和带菌者是传染源	潜伏期1～7天，大多数为1～3天，起病急，发热体温多数在39℃以上，可伴寒战。腹泻，大便次数增多，以黏冻脓血便为主。阵发性腹痛，左下腹有压痛，排便时有里急后重的感觉	控制传染源	患儿需立即隔离进行正规治疗，取得有关医疗单位证明后方能返回园（所）
		传播途径	经消化道传播。病原菌随病人粪便排出，污染食物、水、手，经口感染。亦可通过苍蝇污染食物而传播		切断传播途径	接触物品终末消毒，特别是加强食具、毛巾、杯子、玩具、厕所、便器、可疑病人的吐泻物的消毒工作
		易感人群	人对此疾病普遍易感，病后有一定免疫力，但不持久，加上痢疾类型多，故易复发和重复感染。夏秋季多发，以儿童发病率最高		保护易感儿	加强晨检及全日观察，观察小儿有无发热及大便情况，如有异常立即隔离，做大便培养；发病班级应医学观察7天；不并班、不串班、不收新生；密切接触者药物预防3天

续表

		病原学	流行病学	临床特征		预防
甲型肝炎	甲型肝炎病毒	传染源	急性期甲肝患者及亚临床型感染者，如无黄疸的甲肝患者	潜伏期14~45天，平均30天。甲肝尤以儿童多见，可达90%。急性黄疸型肝炎起病急，发热体温38~39℃。食欲减退，厌油腻，全身乏力，恶心、呕吐。皮肤、巩膜黄染，尿色深如浓茶。肝肿大，有叩痛和压痛。急性无黄疸型肝炎，起病较黄疸型肝炎慢，除无黄疸外，其他临床症状和体征与黄疸型相似，仅程度上较轻	控制传染源	患儿需立即隔离进行正规治疗，取得有关医疗单位证明后方可返回园（所）
		传播途径	主要通过消化道传播，粪口是甲肝的主要传播途径。食物与水源的严重污染可引起暴发流行。日常生活接触是散发性发病主要的传播方式		切断传播途径	接触物品终末消毒。特别是加强食具、毛巾、杯子、玩具、厕所、便器、可疑病人的吐泻物的消毒工作
		易感人群	人群普遍易感，15岁以下儿童多见，感染后可产生持久的免疫力。冬春季为发病高峰		保护易感儿	加强晨检及全日观察，观察小儿精神、食欲、小便颜色等有无异常；发病班级应医学观察45天；不并班、不串班、不收新生；易感人群可接种甲肝疫苗

表4—2 消毒方法一览表

	一般传染病	病毒性肝炎
食具、毛巾	先煮沸15 min，后清洗，再煮沸10 min	先煮沸20 min，后清洗，再煮沸10 min
桌面	0.5%过氧乙酸擦洗 含500 mg/L有效氯消毒剂擦洗	0.5%过氧乙酸擦洗；含1 000 mg/L有效氯消毒剂擦洗
玩具	0.5%过氧乙酸擦洗（木制）或浸泡30 min（塑料）；含500 mg/L有效氯消毒剂擦洗（木制）或浸泡30 min（塑料）	0.5%过氧乙酸擦洗（木制）或浸泡60 min（塑料）；含1 000 mg/L有效氯消毒剂擦洗（木制）或浸泡60 min（塑料）
便器	0.5%过氧乙酸浸泡30 min；含1 000 mg/L有效氯消毒剂浸泡30 min	0.5%过氧乙酸浸泡60 min；含2 000 mg/L有效氯消毒剂浸泡60 min
厕所地面及便器架	0.5%过氧乙酸擦洗；含1 000 mg/L有效氯消毒剂擦洗	0.5%过氧乙酸擦洗；含2 000 mg/L有效氯消毒剂擦洗
衣服、被褥	煮沸15 min。先煮沸，后清洗，再暴晒	煮沸20 min。先煮沸，后清洗，再暴晒
空气	用紫外线照射，1.5 W/m³，作用1 h或空气消毒剂喷雾	用紫外线照射，1.5 W/m³，作用1 h或空气消毒剂喷雾
病人的吐泻物、分泌物	加1∶20漂白粉（有效氯含量为12 500 mg/L）充分搅匀，加盖消毒1 h（100 mL尿粪混合物加5 g漂白粉）	加1∶5漂白粉（有效氯含量为50 000 mg/L）充分搅匀，加盖消毒2 h（100 mL尿粪混合物加20 g漂白粉）

第二节 小儿常见内科疾病

一、小儿常见呼吸道疾病

1. 小儿呼吸系统解剖特点

(1) 上呼吸道。上呼吸道包括鼻、咽、喉。

1) 鼻。小儿鼻道相对短小,鼻黏膜柔嫩且血管组织丰富,鼻道狭窄,感染时鼻黏膜充血、肿胀,造成鼻腔更加狭窄、闭塞,引起呼吸困难。鼻泪管在年幼时较短,开口部发育不全,位于眼的内眦,故上呼吸道感染后易侵及结膜。

2) 咽。小儿耳咽管较宽、短而且直,呈水平位,故上呼吸道感染后易并发中耳炎。

3) 喉。小儿喉腔较窄,喉骨柔软,喉部黏膜下组织较疏松,有丰富的血管及淋巴组织,炎症时容易发生水肿引起喉梗阻。由于喉腔、声门较狭小,轻度炎症或水肿时,就可引起呼吸困难。

(2) 下呼吸道。下呼吸道包括气管、支气管、肺。

1) 气管、支气管。小儿的气管和支气管管腔较成人狭窄,软骨柔软,缺乏弹力组织,黏膜血管丰富,黏膜纤毛运动差,不能很好排除微生物及黏液,易引起感染,使呼吸道发生狭窄和阻塞现象。

2) 肺。小儿肺弹力组织发育较差,血管丰富,肺泡数量较少,感染时易致黏液阻塞,引起间质性炎症,并易引起肺不张、肺气肿等。

2. 常见呼吸道疾病

(1) 上呼吸道感染(俗称感冒)。是小儿最常见的疾病,主要侵犯鼻、咽、扁桃体及喉部而引起炎症。

(2) 扁桃体炎。是急性咽炎的一部分,患者多为 2 岁以上小儿。

(3) 急性支气管炎。是小儿常见的一种呼吸系统疾病,多继发于上呼吸道感染。

小儿常见呼吸道疾病的病因、临床特征及预防见表 4—3。

二、小儿常见消化道疾病

1. 小儿消化道解剖生理特点

消化器官包括口腔、食管、胃、肠等。

(1) 口腔。包括舌、唇、颊、颌骨、牙齿和唾液腺等。婴儿口腔黏膜细嫩,供血丰富,唾液腺发育差,唾液较少,致黏膜较干燥,容易破损。舌短而宽,二颊部脂肪垫发达,有利于吸吮。

(2) 食管。新生儿及乳儿的食管短,管壁弹力纤维和腺体发育不完善,吞咽时肌肉协调差,进食易发生呛咳、窒息。

表4—3　　　　　　小儿常见呼吸道疾病的病因、临床特征及预防

		病　因	临床特征	预　防
上呼吸道感染（俗称感冒）	病原体	以病毒为主，可占原发上呼吸道感染的90%以上，细菌较少见	1）轻型。低热，鼻塞、流清涕、微咳、喷嚏、流泪，咽部不适，也有不发热的，一般3～4天内能自然痊愈	1）积极锻炼。平时多让小儿参加三浴（空气浴、水浴、日光浴）锻炼，增强体质 2）开窗通风。保持居室空气新鲜。保持适当的温度与湿度，睡眠时要流通空气，但不吹对流风 3）避免交叉感染。尽量避免与急性上呼吸道感染者接触。接触病儿后要洗手 4）讲究卫生，避免发病诱因。留心气温骤变，随时增减衣服，对出汗过多的小儿，及时用干毛巾擦干。注意婴幼儿的合理喂养，积极治疗营养性疾病
	诱发因素	由于小儿上呼吸道的解剖特点和免疫特点，以及防御能力低下，营养不良和环境因素，易造成小儿患上呼吸道感染	2）重型。起病较急，时有高热，可达40℃，甚至更高，持续1周左右，伴有头痛、冷感、全身无力，食欲不振，睡眠不安，流大量鼻涕，频繁咳嗽，有的甚至高热惊厥	
扁桃体炎		主要由细菌引起	发病时可有高热、呕吐、头痛等，以后有咽痛、吞咽困难等症状	
急性支气管炎		多由各种细菌、病毒或二者的混合感染所引起。此外，由于气候突变，空气污浊，小儿年幼体弱，免疫功能低下及营养不良等，均可成为本病的诱因	大多数先有上呼吸道感染的症状，如发热、咳嗽。以后咳嗽逐渐加剧，伴分泌物增多。一般症状可有头痛、疲乏、食欲不振等，病程一般为7～10天，也可迁延至2～3周	

（3）胃。呈水平位，贲门括约肌弱，使乳儿容易发生呕吐或溢乳。

（4）肠。小儿的肠相对比成人长，肠黏膜细嫩、发育较好，具有丰富血管及淋巴液，有利于消化及吸收。消化酶功能不足，肠蠕动也不稳定，易引起呕吐、腹泻。乙状结肠与直肠相对较长，是造成小儿便秘的原因之一。

2．常见消化道疾病

小儿常见消化道疾病有感染型腹泻、便秘，见表4—4。

表4—4　　　　　　小儿常见消化道疾病的病因、临床特征及预防

	病　因	临床特征	预　防
感染型腹泻	（1）肠道内感染。病毒感染，以轮状病毒较常见；细菌及其他病原体感染，细菌感染约占10%～15% （2）肠道外感染。患有中耳炎、上呼吸道感染、肺炎等均可伴有腹泻	食欲减退，呕吐。大便次数增多。轻型腹泻每天5～6次，不超过10次；重型腹泻每天多于10次。大便性状有改变。呈稀便、水样便、蛋花汤样便或黏液便	（1）鼓励母乳喂养，避免在夏季断奶 （2）按时添加辅食，切忌几种辅食一起添加，注意合理营养 （3）人工喂养时要注意饮食卫生和食具，奶具煮沸消毒 （4）培养小儿卫生习惯，饭前便后要洗手 （5）夏季应避免过量冷饮和过量脂肪食物 （6）及时治疗营养性疾病和肠道外感染性疾病

续表

	病　因	临床特征	预　防
便秘	（1）饮食不足。婴儿进食太少时，消化后液体吸收余渣少，致大便减少，变硬，引起便秘。奶中糖量不足时肠蠕动减弱，可使大便干燥 （2）食物成分不当。大便性质与食物成分密切相关，如食物中含大量蛋白质而碳水化合物不足，肠道菌群对肠内容物发酵作用减少，可使大便干燥 （3）小儿偏食。食物中纤维素太少，也易发生便秘。碳水化合物中的米粉、面粉类精细食物较谷类及粗粮食品易于便秘 （4）肠道功能失常。生活不规律，不按时大便，未形成条件反射，易导致便秘 （5）体格与生理的异常。如肛裂、肛门狭窄、先天性巨结肠等能引起便秘 （6）精神因素。小儿突然受精神刺激或环境和生活习惯的突然改变，可引起短时间的便秘	大便干燥坚硬、排便次数减少，排便时肛门疼痛，或引起肛门出血，食欲不振	根本在于改善饮食内容，多补充水分和含纤维素多的食物（如谷类、蔬菜、水果等）。同时，训练排便习惯。经过训练小儿能养成按时排便的习惯。对年长儿慢性便秘除鼓励其多运动、多进纤维素的食物外，亦应使其按时排便，养成良好习惯

三、小儿常见营养性疾病

1. 营养不良

由于摄入不足或食物不能充分利用，以致不能维持正常代谢，迫使机体消耗自身组织，出现体重不增或减轻，生长发育停滞，脂肪逐渐消失，全身各系统功能紊乱，免疫力低下。营养不良按性质分为两大类：能量缺乏的营养不良和蛋白质缺乏的营养不良。

2. 缺铁性贫血

由于缺乏足够的铁以致血红蛋白合成减少，多发生在6月至3岁的婴幼儿，具有小细胞低色素性。较大儿童因饮食习惯不良、挑食、偏食或摄入动物食品太少也会导致贫血。

3. 维生素D缺乏性佝偻病

维生素D缺乏性佝偻病是小儿常见慢性营养性疾病。主要是由于体内维生素D不足，引起钙磷代谢失常，而导致以骨骼改变为特征的慢性营养性疾病，严重时可影响小儿健康。

小儿常见营养性疾病的病因、临床特征及预防见表4—5。

四、小儿常见寄生虫病

1. 蛔虫病

蛔虫病是小儿最常见的肠道寄生虫病，往往影响小儿的食欲和肠道功能，妨碍小儿生长发育。蛔虫病分布于世界各地，农村发病率尤高。儿童感染率较成人高，易造成儿童营养不良，发育迟缓。

2. 蛲虫病

蛲虫病是蛲虫寄生于人体所致的一种常见的寄生虫病，以儿童为主。主要症状为肛门周围和会阴部瘙痒。

表 4—5　　　　　　　　小儿常见营养性疾病的病因、临床特征及预防

	病　因	临床特征	预　防
营养不良	(1) 长期喂养不当。由于小儿生长发育迅速，必须供给足够的蛋白质与能量。婴儿喂养不当，如母乳不足又未及时添加辅食，人工喂养时牛奶稀释过度或骤然断奶后未吃乳制品，或以谷类为主食等都可引起营养不良 (2) 疾病。反复呼吸道感染、慢性腹泻、急慢性传染性疾病等可造成营养摄入量减少或消化吸收障碍 (3) 先天不足和生理功能低下。早产儿、小样儿、宫内发育迟缓儿，出生后营养物的需要量相对较多，而他们的消化功能又相对较弱，固易患消化不良	体重不增或减轻是营养不良的最初症状，皮下脂肪减少，食欲差，皮肤干燥、苍白、失去弹性，肌肉发育不良，重度营养不良可有精神烦躁或迟钝，运动功能发育迟缓，对周围环境不感兴趣，睡眠有障碍	(1) 提倡母乳喂养和合理喂养，培养良好的饮食习惯 (2) 适当户外活动，增强体质，充足睡眠，预防感染 (3) 及时治疗慢性疾病和消化道疾病，矫治先天性畸形
缺铁性贫血	(1) 饮食因素。这是发生此病的最主要原因。长期人工喂养而未及时添加含铁丰富的辅食易出现缺铁性贫血 (2) 生长因素。小儿生长发育迅速，需铁量多 (3) 先天因素。早产儿、低出生体重儿、双胎儿，以及母亲孕期患有中度以上缺铁性贫血，小儿出生后易发生此病 (4) 疾病因素。腹泻、反复感染可造成铁吸收障碍、长期慢性失血等疾病，如鼻出血、肛裂，均可引起贫血	起病缓慢，发病多在 6 个月至 3 岁 (1) 一般表现。面色苍白，乏力，精神不振，食欲减退 (2) 造血器官的表现。年龄越小，贫血时间越长，程度越重，肝、脾肿大越明显 (3) 非造血器官的表现。心悸，气急，头昏，耳鸣，智力迟钝，思想不集中 (4) 特殊症状。皮肤干皱，毛发易脱，免疫力降低，容易感染 6 岁以下小儿贫血分度：轻度 90～110 g/L，中度 60～90 g/L，重度 30～60 g/L	(1) 提倡母乳喂养，合理安排婴幼儿膳食，及时增加辅助食品 (2) 补充营养，常吃含铁、蛋白质、维生素 C 丰富的食物 (3) 防止和纠正偏食、挑食的不良习惯
维生素 D 缺乏性佝偻病	(1) 维生素 D 缺乏。是本病发病的主要原因。紫外线的照射不足，紫外线照射皮肤可获得内源性维生素 D。但冬春季紫外线较弱，故佝偻病好发。同时，摄入含维生素 D 量较少的食物，更易发病。食物中钙、磷摄入含量不足或比例不适宜，亦可导致佝偻病的发生 (2) 生长过速。生长快的小儿易患佝偻病。早产儿、低体重儿体内钙、磷储备不足，出生后生长较快，需要钙、磷量大 (3) 疾病因素。慢性呼吸道感染、胃肠道疾病、肝胆病等均会影响维生素 D 及钙、磷的代谢	主要表现为生长骨有骨骼的改变，肌肉松弛及神经精神症状。烦躁不安，夜惊，多汗 (1) 头颅 1) 颅骨软化。又称乒乓头，多见于 3～6 个月的婴儿 2) 方颅 3) 出牙延迟，前囟迟闭 (2) 胸廓。鸡胸或漏斗胸，肋外翻 (3) 四肢。X 形腿，O 形腿	(1) 经常户外活动，多接触阳光，即使在冬季也要注意户外活动 (2) 及时添加含钙及维生素 D 丰富的食物 (3) 0～3 岁补充鱼肝油及钙剂

小儿常见寄生虫病的流行病学、临床特征及预防见表4—6。

表4—6　　　　小儿常见寄生虫病的流行病学、临床特征及预防

		流行病学	临床特征	预　防
蛔虫病	传染源	病人与带虫者	拒食或挑食，恶心，呕吐，腹痛，位置不固定，以脐周较多，可反复发作，持续时间不长，疼痛过后活动如常	注意个人卫生习惯，杜绝虫卵入口的机会，同时，要做好环境卫生，处理好粪便，改善厕所卫生条件
	传播途径	蛔虫感染率与环境卫生及个人卫生密切相关。感染期虫卵主要经手入口，亦可随灰尘飞扬而被吸入咽部吞下而感染。在农村使用人粪施肥是虫卵污染土壤的主要因素		
	易感人群	人对蛔虫普遍易感，儿童较成人高，男女无显著差别		
蛲虫病	传染源	蛲虫病患者是唯一的终宿主和传染源。虫卵在体外排出时即有传染性	夜间雌虫产卵时可引起肛门周围及会阴部瘙痒，影响睡眠	（1）加强卫生宣传，使人们了解蛲虫的传染方式，以尽量减少感染机会 （2）在集体儿童机构开展普查普治工作 （3）注意个人卫生，饭前便后洗手，不吸吮手指，勤剪指甲，勤换内衣裤，以防重复感染。儿童应穿满裆裤，防止因搔痒污染手指。患儿的内裤要煮沸消毒 （4）注意环境卫生，用具、桌、椅、地板应常擦洗，防止尘土飞扬，玩具可日晒或紫外线消毒
	传播途径	吞入含有虫卵的食物为主要传播方式。因雌虫在肛门周围产卵时肛周皮肤瘙痒，小儿易用手去抓而沾染虫卵，后吸吮污染虫卵的手指可造成自身反复感染。这种肛门—手—口的直接传播成为自身重复感染的主要途径		
	易感人群	人体普遍易感，儿童多于成人。人们的经济与文化条件、卫生习惯及气候条件等均可影响蛲虫病的传播		
	生活史	不需中间宿主。自感染性虫卵至发育为成虫需1个月左右。成熟的虫卵在自然环境中可保持感染性约10～14天		

第三节　小儿常见外科、皮肤科疾病

一、小儿常见外科疾病

小儿常见外科疾病的临床特征及治疗见表4—7。

表4—7　　　　小儿常见外科疾病的临床特征及治疗

	临床特征	治　疗
急性阑尾炎	发热，38℃左右，精神不振，无力，喜卧，有的病儿出现烦躁，哭闹不安。急性腹痛是最常见、最明显、最早出现的症状，位于上腹部或脐周围，待发病后数小时，腹痛转移到右下腹。腹痛多为持续性，可伴有阵发性加重。恶心、呕吐，呕吐通常在腹痛开始数小时内发	有手术指征时急诊手术治疗

续表

	临床特征	治疗
包茎（包皮与阴茎头间有粘连，包皮不能完全上翻外露阴茎头，包皮口狭窄）	不同程度的排尿困难，排尿时尿流缓慢，尿流细。严重者排尿时包皮鼓起，可并发包皮炎，并形成较多的包皮垢	手法治疗：小儿包皮口虽紧，但包皮口上翻能露出阴茎头一部分，可实施慢性手法治疗 包皮分离术：少部分包皮与阴茎头间有粘连，手法治疗无效可行包皮分离术 手术治疗：学龄前期包皮仍不能上翻，可考虑包皮环切术。手术适宜年龄为4～5岁

二、小儿常见皮肤病

1. 痱子

痱子是由于汗液排泄不畅潴留于皮内而引起的汗腺周围发炎。

2. 疖

疖是由葡萄球菌或链状菌侵入毛囊引起的一种皮肤病。

3. 脓疱疮

脓疱疮是一种常见的由化脓性球菌引起的皮肤病，传染性极强。

4. 荨麻疹

荨麻疹是由多种刺激因素所致，以风团为特征的一种血管反应性皮肤病。

小儿常见皮肤病的病因、临床特征及预防见表4—8。

表4—8　　　　　　　小儿常见皮肤病的病因、临床特征及预防

	病因	临床特征	预防
痱子	汗腺分泌过多，阻塞汗孔，刺激周围组织所引起。多发于夏季	多发于面部、颈部、躯干、肘窝、腹股沟等处。皮疹为密集小丘疹，剧痒	应注意室内空气流通，降低室温。勤洗澡、换衣，保持皮肤干燥、清洁，避免在烈日下玩耍
疖	皮肤局部受金黄色葡萄球菌引起化脓性感染。好发于颜面头部和臀部	局部皮肤红肿、发热，形成团块突起，有肿痛感。以后中央出现黄色脓点，团块变软，破溃排脓	保持皮肤清洁、干燥，勤换衣服，勤洗澡，加强个人卫生；禁止用手挤压疖子，以防细菌经血流扩散；疖子成熟后可切开排脓，每天换敷料；有发热及淋巴结肿大时，用消炎药物
脓疱疮	好发于夏秋季节，传染性大，传染方式通常是通过人和人的直接接触，病人通过搔抓感染部位而自身传播，也可通过接触病人的污染物而感染。儿童多见	局部皮肤先呈丘疹或红斑，1日后成水疱，2日成脓疱，形状不规则，以后疱破，渗出脓液，一般一周左右痂落渐愈，愈后不留疤痕。往往因搔抓不断再传播至其他部位。不发热	加强晨检，一旦发现患儿及时隔离。患儿接触过的物品都要终末消毒。注意皮肤卫生，勤洗澡、换衣，保持皮肤清洁干燥

续表

	病　因	临床特征	预　防
荨麻疹	（1）药物引起。如抗生素、磺胺类、退热镇痛药、血清及多种酶类生物制剂为常见 （2）食物引起。如动物蛋白（鱼、虾、蟹、贝类等）、坚果（花生、胡桃）、水果（柑橘、草莓）、蔬菜（笋、豆类）等 （3）其他。虫咬，肠道寄生虫侵袭等引起。环境因素如接触花粉、油漆等	先有皮肤瘙痒，局部皮肤水肿，呈风团，扁平高起，边缘清楚，大小数目不定、形状不定，可融合成大片。身体任何部位可累及，风团发生快，消退亦快，一般不超过24 h，退后一般不留痕迹	最好的治疗方法是发现病因并去除之。但病因常常难于发现，目前仍以对症治疗为主，包括口服抗组织胺药物，局部可用止痒洗剂

第四节　小儿常见眼、耳、鼻及口腔疾病

一、小儿常见眼部疾病

1. 外眼的大体结构

外眼包括眼眶、眼睑、睫毛、结膜、泪器，以及眼外肌等眼的附属器、角膜与巩膜。眼的附属器能保护眼球及协助眼球的转动；角膜是容许光线通过的透明组织，含有丰富的神经末梢，感觉很敏锐；巩膜具有保护眼球的作用。

2. 小儿常见眼部疾病

小儿常见眼部疾病的病因、临床特征及预防见表4—9。

表 4—9　　　　　　小儿常见眼部疾病的病因、临床特征及预防

	病　因	临床特征	预　防
急性流行性结膜炎	大多通过腺病毒引起接触感染，夏秋季多发。传染性强，传播途径为患眼污染水或手、物传染	潜伏期短、大多数在接触24 h后发病。发病急、多发双侧性。眼结膜充血水肿，眼睑肿胀，分泌物增多	加强卫生宣传教育，托幼机构儿童应做到一人一巾，用后煮沸消毒。不用手揉眼睛，流行期间，室内用具、玩具等应加强消毒。患儿应隔离治疗，禁止进入浴池、游泳池等公共场所
沙眼	多发于儿童、少年期。由沙眼衣原体感染所致的慢性传染性结膜角膜炎，感染是通过分泌物直接接触传染	为双眼发病，急性期有流泪、畏光、异物感、黏脓性分泌物。数周后症状消退进入慢性期，可无不适	避免与患者接触，加强卫生宣传，提倡一人一巾。培养良好的用眼卫生习惯，不用手揉眼。建立定期眼检查制度，发现问题，及时处理

二、小儿常见鼻部疾病

1. 鼻结构

详见小儿呼吸系统解剖特点。

2. 鼻出血

(1) 病因。全身性疾病,如高血压症、血液疾病、肾病、动脉硬化等;局部原因,外伤、异物、息肉等均可引起。

(2) 临床特征。常见出血的部位为鼻中隔前下方,血液自鼻腔流出。出血量多可引起贫血,有面色苍白、头晕等症状。

(3) 处理。可采用局部压迫法。将患儿头略前倾,用口呼吸,同时,紧捏两侧鼻翼 10 min。如不能止血时,需去医院诊治。

三、小儿常见耳部疾病

1. 耳部结构

耳部结构可分为外耳、中耳和内耳三部分。外耳包括耳郭和外耳道;中耳包括鼓膜、鼓室、耳咽管和乳突;内耳为听觉和位觉感受器官,由半规管、前庭、耳蜗组成。小儿耳咽管较宽,短而且直,呈水平位,故上呼吸道感染后易并发中耳炎。

2. 急性化脓性中耳炎

(1) 病因。化脓性细菌经咽鼓管侵入中耳引起,多发生在上呼吸道感染时,以鼻咽部炎症蔓延所致最常见。

(2) 临床特征。发热,婴幼儿常表现为哭闹、拒食,年长儿诉耳痛,易导致鼓膜穿孔,有脓液流出,严重者听力下降,甚至耳聋。

(3) 预防。增强体质,适当户外活动,预防感冒,婴儿要注意喂奶姿势。

四、小儿常见口腔疾病

1. 口腔结构

详见小儿消化道解剖特点。

2. 疱疹性口腔炎

(1) 病因。由疱疹病毒引起。

(2) 临床特征。初始出现小水疱,后很快溃破,形成浅溃疡。好发于唇部及口周皮肤和口腔黏膜。

(3) 预防。增强婴儿抵抗力,加强营养,预防病毒感染。保持口腔清洁。

3. 龋齿

(1) 病因。龋齿是多因素疾病,主要包括细菌、饮食、牙齿本质结构和唾液等因素,相互关联。

1) 细菌。在龋齿发病和发展过程中,有细菌的作用。变形链球菌和乳酸杆菌与食物残渣、唾液混合在一起,粘附在牙齿上,繁殖产酸,使牙釉质脱钙,形成龋洞。

2) 饮食。在龋齿形成过程中,饮食是细菌的主要作用物,滞留在牙面牙缝上的食物残渣，是造成龋齿的重要因素之一。

3）牙齿本质结构。牙的形态、结构和位置与龋齿发病有明显关系。如牙釉质发育不良使牙齿的抗龋性减弱，牙齿排列不齐、牙齿深窝沟使食物残渣及细菌易于滞留，这些都是造成龋齿的原因。

4）唾液。唾液是牙齿的外环境，起着缓冲、冲洗、抗菌或抑菌等作用。唾液量少而稠，易于滞留，造成细菌和食物残屑堆积，易引发龋齿。

（2）临床特征。龋齿最易发生在磨牙的咬颌面，以及相邻牙齿的接触面。

（3）预防。预防龋齿的基本原则是针对发病因素，采取相应措施。

1）增强牙齿的抗龋性。

2）加强宣传教育工作，使小儿从小养成早晚刷牙、饭后漱口的良好口腔卫生习惯。

3）减少或控制糖类食品和饮料的摄入。

4）定期进行口腔检查，每半年到一年一次，发现龋齿及时治疗。

思 考 题

1. 传染病流行的三个环节是什么？
2. 托幼机构发生细菌性痢疾后如何预防爆发流行？
3. 如何预防小儿缺铁性贫血？
4. 蛲虫病通过什么方式传播？如何预防？

第五单元 托幼机构意外伤害的预防

托幼机构是收托0～6岁幼儿的集体机构，这一年龄阶段的幼儿正处于生长发育期，智能正得到逐步开发，他们对周围丰富多彩的生活环境充满了好奇、探索，但不懂得如何保护自己；他们在生活上离不开成人的照顾，但又始终认为自己是一个独立的人；他们从家庭熟悉的环境来到集体陌生的环境，会出现情绪上的不稳定，这些因素导致幼儿容易发生意外伤害。

在托幼机构工作的保育员，应该了解托幼机构意外伤害的概念，掌握托幼机构安全工作的要求和常见伤害的预防，这是开展保教工作的前提，是保障幼儿健康发展的基础。

第一节 意外伤害概述

一、意外伤害的定义

意外伤害是指无意识的、意料之外的突发事件造成人员的损伤。除了身体的损伤外，还包括精神创伤或心理障碍。

二、意外伤害的性质

1. 一般伤害

由于小儿本身、外界环境、房屋、设备等原因而发生跌伤、缝针、肢体骨折、骨裂、脱臼、吞入异物等伤害属一般伤害。

2. 责任伤害

由于保教人员擅离岗位，不执行安全制度和园所其他规章制度而发生的打错针、服错药、食物中毒、煤气中毒、触电、颅脑骨折、烫伤、小儿被冒领、走失、高处坠落、小儿得急病或病情突然变化未及时发现、体罚、把小儿遗忘在空房内、溺水、窒息等伤害，经采取积极措施未造成小儿重大伤害的属责任伤害。

3. 重大责任伤害

由于保教人员失职导致小儿死亡、残废，重要组织器官损伤或造成严重后果的称为重大责任伤害。

由于其他原因而发生的非责任性重大伤害，应按具体情况处理。

三、意外伤害的报告

重大责任伤害应立即电话报告市、区（县）卫生局和妇幼所，然后书面上报。责任伤害应立即报告，一般伤害应在两天内报告。责任伤害及重大责任伤害应附伤害调查报告。

第二节 托幼机构安全工作要求

一、园所的建筑、设备的安全要求

园所的建筑、设备的安全要求见表5—1。

表5—1　　　　　　　　　园所的建筑、设备的安全要求

		安全要求
建筑	楼层	新建托幼园所房屋不宜超过3层。如超过3层，则3层以下做教室，且小班在下，大班在上，3层以上楼面适宜做教师办公室或卧室。机关、企事业单位附属托幼机构须选用低层
	门窗	门开启后应靠墙，有门吸固定。靠近楼梯的门应做门栏。走廊窗宜采用移窗，若采用推窗，则推窗的高度应高于幼儿的头部，并有窗钩固定。2层及2层以上教室窗户应离地面1.1 m以上，低平窗台上应装竖栏杆，高度在1.1 m以上
	地面	室内应铺木地板，盥洗室地面应铺防滑地砖，走廊地面可铺地板或水泥地，户外活动场地宜铺草地、水泥地、塑胶地，并保持平整，若有井盖应与地面齐平
	平台栏杆	平台墙面高度应高于1.1 m，如用金属栏杆，则栏杆高度要高于1.1 m，间距小于11 cm，中间不设横杆，也不宜有踏脚，防止幼儿攀爬造成坠落伤害
	楼梯	楼梯应有儿童扶手，宽度至少可容纳3人并行，台阶边缘应有防滑嵌条
	嬉水池	嬉水池池深不超过1 m，坡度不超过2%，池壁及池底应平整光滑，池周及进出口处应设有扶手。婴儿嬉水池以10 m²为宜，幼儿嬉水池以20～30 m²为宜
	建筑材料	托幼机构建造或装修使用的材料必须符合国家标准，经有关部门测试无苯、甲醛等化学污染方可使用

续表

		安全要求
设备	家具	家具用具以木质为宜，安装平整牢固，桌椅边角均应做成圆角
	盥洗室	水槽和台阶边缘应砌成圆角，毛巾挂钩不宜有尖锐的钩子，地面应铺防滑地砖或防滑垫
	电器设备	插座应安装在1.6 m以上。取暖器、台式风扇等应放置在幼儿摸不到的地方。吊扇、日光灯与顶面墙壁连接牢固
	玩具	玩具宜选择布艺、塑料和木制的，玩具的表面应光滑，无倒刺、尖角和锋利边缘。玩具的体积不宜过小，质量不宜太大
	运动器械	滑梯、攀登架等大型组合器械应放在草坪、泥地或塑胶地上，转椅、荡船与其他器械之间应保持适当间距，并有防护装置。自制运动器械应考虑材料的安全

二、生活环节的安全要求

1. 新入园（所）婴幼儿的健康检查

婴幼儿在入园（所）前一个月内，须到当地妇幼保健机构或卫生行政部门指定的医疗卫生机构进行全身体格检查，经检查合格后才能入园（所）。

患有严重先天性心脏病、颚裂、癫痫、中度以上的智力低下等疾病的幼儿，未矫治前不宜入园（所）。这些幼儿可能在活动中突发疾病或意外，日常生活需要有特别的照顾和护理，不能适应集体生活。

2. 来园前的准备

空调、电扇、电灯安装牢固，电源接线板无暴露，窗下不放桌椅等。

3. 晨检

幼儿来园（所）时要做好晨检，了解每个幼儿的健康状况，检查有无携带不安全物品。

4. 饮食

（1）食物进班的安全要求。热菜、热汤、热水等不进班。进班前应放在熟食间待温度降到不烫手后，方可端进教室，放在备餐桌上，避免热源接触幼儿。

（2）进餐时的安全要求。幼儿进餐时要细嚼慢咽，不嬉笑打闹，进餐时保育员不催促，不用奖励方法激励幼儿快速进餐，嘱幼儿咽下最后一口方可离开座位。为托班幼儿喂饭时，应咽下一口再喂一口，餐后用温开水或淡茶水漱口，既保护牙齿，又避免幼儿含饭睡觉。

（3）食物加工的安全要求。每天采购的食品都要经过验收，食物必须新鲜无异味，食品加工时要做到生熟分开，食物烹调时要做到烧熟煮透，不吃隔夜、隔顿饭菜，夏季不外买熟食。

（4）选择食物的安全要求。婴幼儿由于喉腔狭窄，喉肌神经、软骨发育不成熟，协调反应差，常因进食不当而发生异物窒息。因此，有些食品不适宜3岁以下幼儿食用，如整粒的花生、瓜子、黄豆、果冻、汤团、带刺带骨的鱼虾等。

5. 睡眠

(1) 睡前。检查幼儿口腔内有无食物,手里有无不安全物品,如发夹、回形针等;房间内要保持一定的光线,使保教人员能够清晰地看清每个幼儿的脸;体弱多病的幼儿应睡在最外面,头朝外,以便于观察。

(2) 睡时。保教人员每 15 min 巡视一次,巡视时观察幼儿睡姿、面色、呼吸节律,有蒙被现象应及时纠正。

6. 盥洗

(1) 组织幼儿盥洗如厕应根据盥洗室厕位数分批进行,避免拥挤碰撞。毛巾架靠墙不占通道,毛巾挂钩不能用尖锐的钉子。盥洗室地面保持干燥,有水及时拖干,防止幼儿滑倒。

(2) 为幼儿淋浴时事先调试好水温,淋浴时成人手不离水流,以及时掌握水温变化。浴室的地面应铺防滑垫。

7. 接送

要建立接送制度,防止幼儿走失、被冒领。每天来接领幼儿的人必须是幼儿家长确认的。离园时,保育员应把幼儿交给接领人,临时改变接领人时,保育员应与家长取得联系,确认后方可让幼儿离园,以防冒领和拐骗。

三、室内外活动的安全要求

1. 室内活动的安全要求

(1) 玩具的选择。玩具最好是木制的、无毒软塑料或橡胶的,表面应光滑,没有锐利的边和角。玩具的大小和轻重应适合幼儿,玩具的体积不要太小,过小的玩具易造成异物入体,玩具的质量不宜过重,过重的玩具易造成砸伤。大型玩具的连接处焊接要牢固,铁制品经风吹雨淋极易生锈,要及时更换。

(2) 上下楼梯。上楼梯时保育员随后,下楼梯时保育员领先。上下楼梯小的在前,大的在后,手要扶好。上下楼梯时要靠楼梯右侧走,这样上下楼梯才不会造成拥挤、碰撞。

2. 室外活动的安全要求

(1) 活动前的准备。活动前保育员要检查幼儿鞋带、裤管不拖地,佩戴的饰品要取下,以防活动中牵拉损伤。玩具用具的数量要充足,避免争夺玩具。

(2) 活动中的安全。玩大型玩具时,滑梯、攀登架下要有保育员保护,转椅、荡船周围要有隔离带,防止其他幼儿突然靠拢。对顽皮、好动和体弱儿要多照顾。发现幼儿有攻击性行为要及时劝阻。

3. 外出活动的安全

(1) 乘车安全。为丰富幼儿的生活,托幼机构常会组织幼儿春游、秋游等外出活动。外出乘车时,要保证每个幼儿都能入座,幼儿不坐第一排。为防止幼儿把手、头伸出窗外,车辆行驶时要关闭车窗。保育员的座位应能观察到每个幼儿。

(2) 活动中的安全。公共场所人群相对较多,活动中幼儿要在保育员的视线范围内,随时清点人数显得很重要。在活动前、活动中,以及中途变更场所时都要及时清点人数,以防幼儿走失。

(3) 行走安全。行走时要走人行道,穿越马路要走横道线,并由保育员拦截两边的车辆,以保证幼儿安全过马路。

4. 嬉水活动的安全

嬉水活动的水深根据幼儿的年龄及嬉水要求而定,一般涉水水深 20~25 cm,游泳水深不超过幼儿腰部。

每次嬉水必须由保育员带领,自始至终密切观察,并随时清点人数。一次下水人数不宜过多,下水前让幼儿活动舒展四肢,每次嬉水时间不超过 30 min,发现个别幼儿情绪不积极,应立即抱离嬉水池观察。

四、保育员安全要求

1. 持证上岗

保育员工作有其特殊性,是为婴幼儿服务的。从事保育员工作必须掌握婴幼儿的身心特点,学会各种技能。因此,必须经过专业培训,取得相关职业资格证书后方能上岗。2003 年国家劳动和社会保障部发文规定,保育员工种必须持证上岗。

2. 爱岗敬业

保育员工作时要全神贯注,坚守岗位。带班时不聊天,不串班,不分心,不做私事。对幼儿要有爱心和耐心,态度和蔼,动作轻柔,严禁威胁恐吓,强行拉扯,体罚或变相体罚幼儿。

3. 操作规范

(1) 清洁工作。清洁工作要仔细周到,清洁的同时要检查物品的安全,及时消除不安全因素。

(2) 消毒液保管。消毒物品专人保管,消毒原液或消毒粉、片应上锁保管,不可随便放在工作场所。

(3) 盥洗室清洁消毒。盥洗室消毒应在幼儿午睡和离园后进行,清洁工作按需进行,盥洗室地面要保持干燥。

(4) 热源管理。所有热源都不能进班,也不能放在幼儿活动场所。为幼儿盥洗淋浴时,应先调节好水温,洗澡时保育员手不离水流。冬季取暖器外应有防护栏。

(5) 杀虫剂的使用。喷雾杀虫剂应在室内无人时使用,卧室内禁用明火点燃的蚊香。灭鼠宜用粘鼠板,严禁投放灭鼠药。

4. 严格执行交接班制度

交接班时要清点幼儿人数,交代安全情况。无论幼儿在园所内发生任何异常情况,当班人员都必须如实交班。

第三节 托幼机构意外伤害的预防

一、意外伤害的预防

1. 防跌伤

婴幼儿身体正处于生长发育中，各系统发育不平衡，动作的协调性和平衡性较差，他们缺乏生活经验和安全意识，也缺乏自我保护意识，因此，跌伤是婴幼儿时期最易发生的伤害之一。据中国疾病预防控制中心慢性非传染性疾病预防控制中心 2004 年发布的调查报告显示，我国儿童意外伤害排位顺序中跌伤占首位。

预防幼儿跌伤，首先，要清除环境中容易引起跌伤的因素，如活动场地要保持平整通畅，家具、桌椅、水池、花坛的边缘都应做成圆角。玩具的放置高度让每个幼儿都能拿到。窗下、阳台下不放置可攀爬的物件。地砖表面要保持干燥。其次，在组织活动前，保育员应检查幼儿的裤管、鞋带不拖地。活动中应根据场地大小安排活动量，尽量使活动区域宽敞，少障碍物。活动可以分组进行，玩具数量充足，避免因抢夺玩具而发生推搡。保育员要参与幼儿的活动，发现幼儿有危险行为时应及时劝阻。

2. 防烫伤

有热源就容易发生烫伤，热源的管理是预防烫伤的关键。托幼机构中的热源有热菜汤、热面条、热开水、饮水机、取暖器等，这些热源是生活中不可缺少的，但必须远离幼儿。

（1）热源不进班，也不放在幼儿活动场所。

1）刚烧好的饭菜、开水应放在营养室的熟食间降温至不烫手，才能端进教室。

2）教室内不放热水瓶、热水杯、饮水机、消毒柜。

3）擦桌子、席子，拖地板用的热水，应兑温后拿出。

（2）为幼儿盥洗、淋浴时先放冷水后放热水，调试好水温，洗澡时成人手不离水流，防止水温突然变化而发生烫伤。

（3）冬季使用取暖器时，应将取暖器放在幼儿碰不到的地方，取暖器外应做防护栏。

3. 防异物入体

幼儿在玩耍时，常会把一些体积小的物品误放在嘴里，塞进鼻腔或耳朵内发生异物入体，这些小物品或是衣服上的纽扣、头上的发夹，或是自然角里的小豆子、玩具中的小配件，异物入体会给幼儿带来伤害，甚至危及生命。

防止异物入体，保育员平时应对幼儿进行安全教育，教育幼儿不要将物品塞入口腔、鼻腔和耳朵里。给幼儿的玩具体积不能过小，应避免给幼儿整粒的花生、瓜子、汤团等不适宜幼儿食用的食品。晨检时应检查幼儿是否携带不安全物品，避免幼儿把危险的物品带入园所。

4. 防走失、冒领

（1）加强门卫的管理。园所的大门是一道防线，守卫在这道防线上的门卫应选择身体健康，有较强责任心，有一定处事能力的人来担任。园所的大门只应在接送时间对外开放，其余时间一律关闭。外来人员进出应出示证件并登记。门卫离开岗位，应将边门锁上。

（2）建立交接班制度。各班应建立严格的交接班制度，交接班时应清点幼儿人数，尤其对新入托入园，情绪尚不稳定的幼儿，交接班时要特别交代。外出活动前、活动后及中途变更场地时，都要清点幼儿人数。

（3）建立接送制度。幼儿入园所时，保育员应把接送制度告诉家长，双方互相配合，共同遵守。要求幼儿的接领人必须是幼儿的家人或指定接领人，如果临时更改接领人，家长应提前说明，除此以外的一切外人，都不得接走幼儿。

5. 预防睡眠中出现的问题

幼儿在睡眠中会因各种原因发生意外，如窒息、得急病或病情突然变化等，如果未及时发现，可能会延误抢救时机，危及幼儿生命。睡眠时保育员要做到：

（1）幼儿咽下口中最后一口饭菜方可离开桌子，饭后漱口。

（2）体质弱的幼儿要睡在最外面，头朝外。如用双层床，要睡在双层床的下铺，以便于观察。

（3）卧室内要有一定的光线，使保育员能观察到每个幼儿的脸。

（4）每 15 min 巡视一次，观察幼儿的呼吸、面色等情况，及时纠正蒙头睡眠现象。

二、意外伤害的初步处理

伤害发生后，保教人员在现场正确的处理可以减少进一步的伤害，减轻幼儿的痛苦，为以后的治疗提供条件。有些突然发生的伤害，如异物窒息，有效的处理可以挽回幼儿的生命。因此，保育员应学会一些伤害的初步处理。

1. 头部摔伤

头部是人体最重要的部位，颅内有脑组织、神经和血管，头部摔伤造成颅内出血危害性极大。当幼儿头部摔伤时，保教人员应冷静沉着，分析判断摔伤的部位，是绊倒还是滑倒，是额部还是枕后部着地，再作下一步的处理。

（1）出血时，马上用一块清洁的纱布按压伤口，并及时送医院。

（2）摔伤后未见出血，成人要对幼儿进行 24 h 的密切观察。

（3）摔伤后有嗜睡、恶心、呕吐、抽搐等现象，立即送医院。

（4）教育幼儿摔伤头部后务必及时告诉老师。

（5）保教人员应将幼儿在园内摔伤的情况如实告诉幼儿家长。

2. 烫伤

（1）烫伤的分度

1）Ⅰ度烫伤。伤及表皮层，皮肤红、肿、痛，3～6天即愈，不留疤痕。

2）Ⅱ度烫伤。伤及皮肤真皮层，局部可有水疱，疼痛明显，一般2～3周左右痊愈，轻者不留疤痕，严重的可留疤痕。

3）Ⅲ度烫伤。烫伤伤及深部组织，可引起全身一系列病理生理改变，愈后留下疤痕。

（2）初步处理

1）立即脱离热源，用冷水冲淋或冷水浸。

2）Ⅰ度烫伤，皮肤仅有红、肿、痛，可涂火烫膏或蓝油烃等药膏。

3）Ⅱ度烫伤，皮肤出现水疱，不能用针挑破。面积较大时，烫伤处用清洁被单覆盖，及时去医院处理。

4）严重烫伤时，皮肤与衣服粘连，用剪刀剪开衣服，脱去未粘连部分，千万不能脱已粘连的衣服，以免造成表皮剥脱。

5）强酸、强碱灼伤时，应先以清洁冷开水冲洗，再送医院处理。

3. 异物入体

（1）鼻腔异物的处理。幼儿常常会把豆子、珠子、纽扣等较小的物品塞入鼻中，引起鼻腔堵塞或炎症。鼻腔的结构是外径大，内径小，若处理不当，异物会越陷越深，增加取出难度。先可用以下方法试一试。

1）不能用手抠，这样会将异物捅向鼻子的深处。

2）嘱幼儿深吸一口气，用手按压无异物的一侧鼻孔，用力向外擤鼻。

3）用棉絮、草絮等刺激鼻腔黏膜，使异物随喷嚏喷出。

4）若无法取出，应立即送医院处理。

（2）眼部异物的处理。幼儿眼部异物最常见的是灰沙、飞虫等，可粘在睑结膜、球结膜上，不同的情况应采取不同的方法。

1）不能用手揉眼睛，以免损伤角膜。

2）如粘于球结膜上，可用干净的手绢或湿棉签轻轻拭去。

3）若异物嵌入睑结膜内，则需翻开眼皮才能拭去。

4）若异物嵌入角膜组织内，应及时到医院处理。

（3）耳部异物的处理。耳内异物有两种：一种是非生物性异物，如纸屑、金属、米粒、豆类、纽扣等；另一种是生物性异物，如爬虫、飞虫等。外耳道异物可引起耳鸣、耳痛、外耳道炎症及听力障碍，应及时取出。

1）不能用硬物去挖，否则易将异物捅向深处，损伤鼓膜。

2）遇纸屑、小金属异物时，可使头部倾向有异物的一侧并摇动，可使异物排出。

3）如豆类入耳，可滴油，让幼儿侧头用单脚跳，豆粒可随油掉出。切不可滴水，因为豆类遇水膨胀，更不易取出。

4）若小昆虫入耳，可在暗处用手电筒照，引诱虫子见光爬出。

5）若仍不见效，送医院处理。

（4）气管异物的处理。气管是呼吸的通道，当异物将气管堵住时，幼儿就会出现呼吸困难，如果不能及时取出，就会因窒息而死亡。因此，一旦幼儿发生异物进入气管，应立即送医院，在送医院的途中，要分秒必争地进行抢救。

1）若是小年龄幼儿，成人可以倒拎其双脚并拍背。

2）若是较大的幼儿，可让其趴卧在成人腿上，头部向下，成人拍其后背。

3）成人站在幼儿身后，用两手紧抱幼儿腹部，一手握拳，一手加压，迅速有力地向上勒挤。

4）也可用筷子、匙柄刺激幼儿的咽部，通过反射性呕吐，把堵在喉口的异物吐出。

思 考 题

1. 什么是意外伤害？意外伤害如何分类？
2. 托幼机构饮食环节有哪些安全要求？
3. 试述保育员的安全要求。
4. 如何预防幼儿烫伤？
5. 试述幼儿头部摔伤后的初步处理。

第六单元　托幼机构常用基础护理法

第一节　常用护理法

一、小创伤处理法

1. 目的

清洁伤口，预防和控制感染。

2. 常备的外用药

常备的外用药见表6—1。

表6—1　　　　　　　　　　常备的外用药

	浓度	作用	使用	注意事项
生理盐水	0.9%	用于清洁伤口		
红药水	2%～4%	用于小擦伤、皮肤黏膜的消毒		不能与碘酊合用
酒精	75%	75%浓度的酒精用于皮肤、体温表的消毒，25%～35%浓度的酒精用于擦浴		浓度大于75%，或小于75%都不能达到消毒的目的

续表

	浓度	作用	使用	注意事项
复合碘液	洗必泰碘含有效碘0.18%~0.22%；醋酸氯已定含有效碘0.10%~0.12%	用于人体注射、输液、采血前的皮肤消毒	在普通肌注、静脉输液、采血时使用，取一支棉签，按规范围消毒一遍，无须脱碘	(1) 不含酒精，对碘过敏的小儿禁用 (2) 打开后48 h用完 (3) 有效期18个月 (4) 不可口服，应放于小儿够不到的地方
双氧水	3%	用于清洁伤口		清洁后用盐水洗去
高锰酸钾	0.1%~0.5%	用于清洁伤口、消毒水果		清洁伤口溶液以淡粉色为宜

3. 药品储藏注意事项

(1) 药品应存放在阴凉处。

(2) 碘液、高锰酸钾应存放在棕色玻璃瓶内。

4. 各类小创伤的处理方法

各类小创伤的处理方法见表6—2。

表6—2　　　　　　　　各类小创伤的处理方法

		症状	处理	注意事项
闭合性损伤	跌创伤	皮肤无绽开，局部有青紫，疼痛较明显	早期用冷敷，并可涂必舒膏。48 h后用热敷	刚跌伤时不能用手按摩，以防血肿扩大
	扭伤	多发生于孩子奔跑或参加其他剧烈活动时，由于肌肉韧带过度牵拉而受伤。常见扭伤部位是踝关节及手腕部，局部剧烈疼痛、肿胀，关节活动受限	最初2~3天减少活动，抬高患肢，局部冷敷，48 h后局部热敷	早期不宜按摩
开放性损伤	割伤	被剪刀、小刀或各种锋利物品划破皮肤、割伤组织，伤口小而深，出血多	用生理盐水清洗，压迫止血，压迫时可敷消毒纱布。血止后可以用护伤膏	切割伤较深或较大时，应用消毒纱布或干净手帕包扎，及时送医院
	擦伤	为皮肤表皮的损伤，有一丝一丝的渗血	如擦伤较浅，用生理盐水冲洗后涂红药水即可	面部擦伤，一定要注意清洁伤口，如有石渣等异物应送医院处理
	刺伤	长而尖的物体，如木屑、钉子等，刺入人体造成损伤	对木屑刺入，局部用酒精消毒，绷紧皮肤，用消毒过的针挑出木屑，然后用碘酒消毒；如为钉子刺入，则应用生理盐水、双氧水冲洗局部，盖上消毒纱布，送医院处理并注射破伤风抗毒素	木屑刺入较深时也应送医院处理
	轻度烫伤	多见热水烫伤，轻度多表现为皮肤发红、疼痛，周围肿胀分界明显，没有水疱	先用清洁的冷水冲淋，然后涂烫伤膏	轻度烫伤但面积大，仍应送医院处理
	热疖与麦粒肿		开始用热敷，如为热疖可在局部涂鱼石脂，待热疖成熟后，送医院切开引流、排脓	切忌挤压，慎服消炎药

二、热敷与冷敷法

热敷与冷敷法见表6—3。

表6—3　　　　　　　　　　　热敷与冷敷法

		目的	物品准备	具体操作	注意事项
热敷	湿热敷	1. 促使炎症消散 2. 减轻疼痛,减少组织渗出,使肿胀减轻 3. 减轻深部组织充血 4. 使小儿感觉温暖舒适	准备一盆热水,水温在40～50℃,准备3块小毛巾或若干块纱布,少许植物油或凡士林	1. 在需要热敷的部位涂上薄薄的一层油,以保护皮肤,上面盖上一层纱布 2. 将小毛巾浸在热水盆内,取出拧干(以不滴水为宜),盖在皮肤上,上面盖以干布或毛巾,以防散热 3. 每次热敷时间约10～15 min,每隔2～3 min换一次,每天2～3次 4. 热敷完毕应用纱布将油擦去,然后将物品理清 5. 在热敷的过程中应注意水温的变化,可随时添加热水	1. 面部、口腔周围的感染、化脓的早期,不要用热敷,以免局部血流量增多,导致细菌随血流量进入脑内 2. 孩子刚跌伤或扭伤,在48 h内不宜用热敷,以防局部血流增多而使充血肿胀加剧
	干热敷		热水袋和布套、温水,水温不超过60℃	1. 检查热水袋有无破损 2. 将热水灌入袋中1/2～2/3满,排出袋中空气,拧紧塞子,擦干热水袋,倒提抖动,检查有无漏水后,装入布套中 3. 用毛巾或薄的棉垫放在患处,将热水袋放在其上;如果为了保暖,可另将热水袋放在孩子脚下,也要用布或毛巾将其隔开,以免烫伤 4. 使用完毕,将热水袋中水倒净,挂起晾干,将塞子放在固定的地方	
冷敷		1. 减轻局部充血或出血 2. 减轻疼痛 3. 制止炎症扩散和化脓 4. 降低体温	1. 局部跌创伤。准备瓷碗、纱布3块,碗内盛冷水或冰水 2. 高热降温。准备小面盆,冷水或冰水,有条件的可准备冰块	1. 将小毛巾浸于冷水或冰水中,使用时将毛巾拧至半干,以不滴水为宜,覆盖在跌创伤或扭伤的部位,如为高热则敷于额头 2. 冷敷时间为20～30 min,每2～3 min更换一次 3. 冷敷完毕将物品整理清洁	1. 局部有显著循环不良的状况时禁用 2. 冷敷过程中有畏冷、寒战者立即停止,并应喂少许开水,注意保暖 3. 局部跌创伤超过48 h不要用冷敷

三、晨间检查和全日观察

1. 晨间检查

（1）定义。晨间检查是幼儿晨初入园时,保教人员对其所做的检查。

（2）目的

1）了解幼儿健康状况。

2）检查卫生情况。

3）发现危险因素。

4）做到早发现、早报告、早隔离、早治疗及预防。
（3）晨间检查的物品准备
1）必备物品
①体温表。备有经消毒的口表、肛表。
②压舌板。备有经消毒的压舌板。
③手电筒。手电筒内应装有电池。
④外用药。红药水、酒精、碘酒、烫伤膏等。
⑤敷料。纱布、棉球、棉签、护创膏等。
⑥晨检本。用于记录晨检时发现的异常；家长给孩子带的药。
⑦晨检牌。备有经消毒的红、黄、蓝三色的牌子。
2）其他物品。包括晨检台、方盘、听诊器等。
（4）晨间检查的方法及内容
1）一问。孩子在家时的健康状况，包括睡眠、饮食、大小便。在传染病流行季节还应询问有无外出或接触病人。
2）二看。看孩子的神态、面色、皮肤、眼睛、鼻子有无异常。
3）三摸。摸额头试温，摸耳垂为中心的腮腺有无肿大，颌下及颈部淋巴结有无肿大。
4）四查。根据传染病流行季节，检查相应部位，如皮肤、咽喉等；检查幼儿有无携带危险的物品、食品，及时发现引发危险的因素；检查幼儿卫生情况，有无携带手帕，是否修剪了手指甲。
（5）晨间检查中发现问题的处理
1）幼儿携带的危险物品、幼儿不宜食用的食品的处理。危险的物品包括小珠子、玻璃片、带尖的玩具；幼儿不宜食用的食品有瓜子、口香糖、果冻。发现上述物品和食品应交由家长带回，或者暂时由老师保管，离园时由家长带回。做好家长与幼儿的安全宣传与教育。
2）幼儿发热的处理。晨检时发现幼儿发热，首先应了解幼儿发热的原因，有无到医院就诊，有无医院的证明。说服家长带幼儿到医院就诊或回家中休息。对有实际困难的家长，可将幼儿暂时留在观察室，按医生医嘱服药。
3）发现传染病的处理。在晨检过程中发现传染病的幼儿，应立即隔离。由家长带孩子到医院就诊，疾病痊愈隔离期满后方可返所。

2. 全日观察
（1）定义。观察幼儿在幼儿园或托儿所一日生活的各个环节。
（2）目的。通过一日生活了解孩子的健康状况，做好孩子生活和活动中的护理，及早发现疾病，及早治疗。
（3）全日观察的内容。概括起来为六大方面，孩子在园的精神状态、活动、饮食、睡眠、大小便、体温状况有无异常。

(4) 全日观察中发现疾病的处理

1) 在发现孩子身体不适时,应及时与保健老师联系做好护理工作,并做好体温、精神的观察记录。

2) 如为传染病,应立即隔离,同时做好环境与物品的终末消毒。

3) 全日观察中要做好体弱儿的护理。细心观察体弱儿的精神、饮食、活动、大小便、睡眠状况,根据体弱儿童的不同情况,做好体弱儿的个别照顾。

四、观察大小便

1. 观察大便

(1) 目的。食物通过消化吸收后,代谢废物由肠道排出体外,正常人排便每日1～2次,大便成形,便时无痛苦。如果患肠道疾病,其病情往往从排便中表现出来,因此,若能正确辨认儿童的粪便情况,对及早发现疾病有重要意义。

(2) 正常大便与异常大便的区别。儿童粪便正常与否,通常从五大方面来辨别。

1) 量。正常粪便的多少与饮食有关,素食者量较多,荤食者量较少。异常时,幼儿排便每日超过3次,大便性质改变常见于肠道炎症、消化不良等。

2) 形状。正常的大便呈软条状,异常的大便表现为糊状,常见于饮食过量引起的消化不良;稀水便常见于急性胃肠炎;黏冻状便常见于慢性结肠炎或慢性菌痢;羊粪状硬粒常见于便秘;米泔样常见于急性肠道传染病;扁状或带状可能因肛门狭窄挤压所致。

3) 颜色。正常的大便因含胆色素而呈黄色或黄褐色,也可因为摄入食物及药物的不同而发生变化,如摄入牛奶、谷物、药物大黄、动物血、肝脏可影响大便颜色的深浅。发现发黑、发亮的粪便,应考虑消化道出血,但婴幼儿少见;白色陶土大便,可能由于胆道阻塞;脓血便见于急性菌痢;鲜血便常见于肛裂;果酱样大便见于肠套叠,2岁以内的幼儿多见。

4) 气味。粪便的气味是由于蛋白质经细菌分解发酵而成的。正常情形为有臭味,与食物的成分有关,如摄入的食物蛋白质成分较高,则大便味较臭。异常情形为酸臭味拌气泡是消化不良;特殊的恶臭味常见肠道细菌感染,如肠炎等。

5) 黏液与脓。正常的大便含有少量的黏液,不含脓液。异常时大量的黏液便,常见于肠炎;有脓液存在则应考虑是否有菌痢。

(3) 大便标本的采集

1) 用棉签或竹签取少许粪便,大小如一粒花生,放入硬纸盒内,如为水样便,应盛瓶中送验。

2) 采集大便时注意,如为腹泻病人应取脓血便黏液部分;如检查寄生虫卵,应在粪便的不同部分取适量标本送验。

3) 普查大便时,三天内不宜吃血类、肝脏类食物。

2. 观察小便

(1) 目的。人体不断地将代谢后的产物通过尿排出体外,以维持体内环境的平衡。患泌尿系统疾病往往通过排尿表现出来，因此，保教人员能正确辨别小儿排尿情况，对及早发现疾病有重要意义。

（2）正常尿液与异常尿液的区别

1）尿量与次数。正常儿童一昼夜排尿约 1 000 mL，每天 6～7 次。尿量差异较大，与饮食食物种类、气候温度、活动度及精神因素有关。如摄入蛋白质较多，饮水较多，则尿量较多；若剧烈活动、出汗较多，则尿量较少。某些疾病可引起排尿及尿量异常，如儿童尿路感染，由于炎症刺激膀胱，每次尿量少，儿童诉尿急、尿频、尿痛；如儿童有眼睑浮肿，小便量少，色变红时，应注意是否有肾脏疾病。

2）颜色。正常颜色呈淡黄色，但尿少时颜色较深，尿多时颜色较浅。服用某些药物也可以引起尿的颜色改变，如服用维生素 B_2。出现以下情况应引起注意，如尿呈血色，应考虑泌尿系统的疾病；茶色尿为肝炎的表现。

3）透明度与沉淀。正常尿中的磷酸盐呈溶解状态，故尿液澄清透明，而在放置后，尿液变浑浊。这是由于尿素被细菌分解产生氨，改变尿的酸碱度，使溶解的磷酸盐被析出而成沉淀所致。冬季常见白尿。新鲜尿液若呈浑浊状，应考虑有尿路感染。

4）气味。正常新鲜尿液无特殊气味，静止一段时间后，尿中分解出氨，故有尿臭味。苯丙酮尿症是一种遗传性疾病，患儿的尿有特殊的霉臭味。工作人员应注意小儿的排尿情况，一旦发现异常，应及时留取尿液送验，并及时通知保健老师，及早治疗。

（3）尿液的留置

留取尿液时，应用清洁的容器留取新鲜的尿液。

第二节 常见症状的护理法

一、发热的简单护理

1．人体的体温

（1）测量体温的常见部位。人体的温度称为体温。测量体温的常见部位为口腔、腋下和直肠（肛门）。人体直肠的温度比较接近于人体深部血液的温度，正常时为 36.5～37.5℃。口腔温度一般比直肠温度低 0.3～0.5℃，在 36～37℃。腋下温度一般比口腔温度低 0.2～0.4℃，在 36～36.5℃。

（2）体温在生理上的改变。一般情况下，儿童的温度比成人略高，一日中晨起最低，起床活动后渐渐升高，午后时最高，以后再下降。不同个体的体温稍有差异，一般认为体温超过正常体温 1℃以上，则是发热。

（3）体温变化的因素。吃奶、吃饭、哭闹、衣被过暖或室温过高会使体温略高，另外，剧烈的运动、情绪激动、外界温度突然升高等均可使体温暂时升高。所以，体温的测量最好在进食 30 min 以后，在幼儿安静的状态下进行。

2. 体温的测量方法

测量体温最常用的方法有三种：肛表测量法、口表测量法、腋表测量法。3 岁以下的小儿可用肛表测量，4～6 岁的大孩子可用口表测量，也可采取腋下测量，既安全又卫生。测量前先检查一下体温表有无破损和断裂，用消毒棉球擦拭体温表，然后将水银柱甩至 35℃以下，以确保测量安全和准确。

（1）肛表测量法。先令小儿仰卧屈膝露出臀部，也可趴在成人的腿上或抱在怀中，将肛表涂油剂，插入肛门 3～4 cm，相当于肛表长度的 1/2，不要太深，测量时间为 2～3 min，取出擦干净，然后看读数记录。

（2）口表测量法。适用于大孩子，事先告诉孩子 30 min 内不要进食、喝开水或吃冷饮，不要用牙咬体温表，然后将体温表斜放舌下，让孩子闭上口，测量 2 min 钟后，看明读数，做好记录。

（3）腋表测量法。适用于孩子各年龄段，大孩子取坐位或卧位，小孩子可抱在成人怀中，测量前不要洗澡，要先擦去腋窝的汗，把体温表的水银端放在腋窝的中间，注意不要把表头伸到外面。夹好后，扶住孩子的胳膊，以免表移动，造成测量不准确。一般测量 5 min，时间太长或太短都会影响测量的准确性。

3. 测量体温的注意事项

（1）测得体温与正常小儿体温不符时，应重复测量。

（2）如果测得体温在 36℃以下或在 39℃以上，必须与家长联系。

（3）如孩子不慎将口表咬破吞下时，应立即口服大量蛋白水或牛奶，使蛋白质与汞结合，延缓汞的吸收，最后排出体外；如有可能时，给服大量的韭菜，让水银被包裹排出；如吞服水银量较多，并同时混有玻璃碎片，应及时送医院观察治疗。

二、鼻出血的简单处理

1. 鼻出血的原因

详见小儿常见病的预防中的有关内容。

2. 鼻出血的止血方法

（1）首先让孩子取半卧位，头略前倾，以促使血液在鼻前部凝固。不要让孩子后仰，以免血液倒流入胃内，造成鼻不出血的假象。

（2）压迫止血。用两手捏紧鼻翼约 10 min，使出血部位受到挤压，正常儿童 2～3 min 如不再流血，血就止住了。

（3）可用棉花蘸 1%麻黄素或肾上腺素填塞鼻腔 10 min，如再用指压法加压，则止血效果更好。千万不要用纸卷、棉花填塞，这样做不能有效地压住止血点，不干净的填塞物还可能引起感染。

（4）冷敷。可在鼻梁上或额上放置一块毛巾，使局部血管收缩，起到止血作用。

（5）出血较多，引起面色苍白、头晕的幼儿应立即送医院治疗。

(6) 鼻出血止后，1~2 h内避免做剧烈的活动。

思 考 题

1. 闭合性损伤的处理原则是什么？
2. 简述热敷的禁忌证及注意事项。
3. 简述晨间检查的方法，以及发现问题的处理。
4. 简述正常大便与异常大便的区别。
5. 简述体温测量的注意事项。
6. 简述鼻出血的简单处理。

第七单元 托幼机构的法规

第一节 托幼机构法规概述

一、托幼机构法规

初级班保育员学习的托幼机构法规有三个，其名称分别是《幼儿园管理条例》（以下简称《条例》）、《幼儿园工作规程》（以下简称《规程》），以及《上海市母婴保健条例》。

《条例》于1989年8月20日经国务院批准，1989年9月11日由中华人民共和国国家教育委员会令第4号发布，1990年2月1日起施行。

《规程》经过了试行到施行两个阶段。1989年6月5日由中华人民共和国国家教育委员会令第2号发布了《幼儿园工作规程（试行）》，自1990年2月1日起试行后，国家教委广泛征求各方面意见于1995年进行修订，1996年3月9日由中华人民共和国教育委员会令第25号发布，1996年6月1日起施行，同时废止了《幼儿园工作规程（试行）》。

《上海市母婴保健条例》由上海市第十届人民代表大会常务委员会第三十二次会议于1996年12月19日通过公布，自1997年3月1日起施行。

《条例》和《规程》是全国性的托幼机构法规，是做好幼教工作的行动指南。《上海市母婴保健条例》是地方性的法规，其中对婴幼儿的保健作了详尽的规定。

二、保育员学习托幼机构法规的意义

1. 增强法制观念，依法行事

随着社会的发展，文明的推进，人类已步入法制社会，人人应确立法的意识和观念。托幼机构的法规是依法治园、依法治教的武器和保障。学习托幼机构法规，能帮助保育员确立法制观念和意识，从而依据法规的精神和规定的要求做好工作。

2. 明确托幼园所的任务及工作职责

学习《条例》和《规程》能帮助保育员明确幼儿园工作的性质和肩负的工作任务，认识到育人的任务关系到孩子一生的发展及家长的企盼，责任重大，增强保育员做好工作的责任感和使命感，以及提高自身素质的紧迫感。

保育员的职责决不是扫扫地、擦擦桌子而已，学习《条例》和《规程》能让保育员明确自己的工作职责，促使保育员自觉地认真学习，提高自身的工作能力和业务水平，从而更好更全面地履行法规规定的各项工作职责。

3. 学习保教工作要求，搞好本职工作

《规程》第三章、第四章对幼儿园卫生保健工作及幼儿园教育工作都作了规定，提出了工作要求，这是保育员做好工作的依据。保育员学习法规的精神与内容能帮助保育员确立正确的教育思想，学习教育方法，并了解九项卫生保健制度的内容，这些内容的学习对保育员做好本职工作将起到引领的作用，同时，增进保育员工作的自觉性，能根据法规的要求努力地做好本职工作。

三、《条例》和《规程》制定的依据

1. 早期教育正日益受到广泛重视

随着社会的发展，早期教育的重要性日益为社会、为广大家长所认识。我国实行计划生育的基本国策和优生、优育、优教的方针，独生子女的家庭越来越多，上海等城市几乎都是独生子女家庭，家长都希望自己唯一的孩子是优秀的，都希望自己的孩子能受到良好的早期教育。实施良好的早期教育在促进孩子的发展上能起到事半功倍的效果。俗话说"三岁看到老"，早期教育对一个人的智力发展、良好品德行为及良好个性的形成起了至关重要的作用。以婴幼儿智力发展为例，4岁前婴幼儿智力水平的发展占一个人一生的50%，4~8岁孩子的智力水平的发展占人一生的80%。由此可见，学前期是人一生中智力水平发展最佳、最快的时期。早期教育对促进婴幼儿观察力、记忆力、注意力、思维力、想象力等智力能力的发展有重要作用，因而，实施早期教育能有效地提高一代新人的整体素质，提高整个民族的素质。

在早期教育日益被社会、家庭重视之际，为使早期教育得到良好的发展，有关规范、促进托幼机构发展的法规也就应运而生。

2. 我国学前教育的现状

我国是一个幅员广阔、人口众多的多民族国家，各地的自然、地理、历史、经济条件差异很大，各民族的文化背景、风情习俗也不相同。我国的学前教育事业还较年轻，解放前学前教育基础很薄弱，建国后才逐步受到重视，得到较大的发展。1946年全国仅有幼儿园1 300所，在园幼儿13万，发展到1989年，全国共有幼儿园17.2万所，在园幼儿1 848万，比解放前分别增长132倍和142倍，增长速度是快的，但发展是不平衡的。沿海发达地区和大城市的幼儿园办园条件好，入园率高，广大农村及边缘地区的幼儿园，办

园条件相对差，入园率也不高，存在着地域上的种种差异。因此，作为全国性的托幼机构法规，在内容的规定上是不能一刀切的，要坚持从实际出发的原则，在办园条件、办园形式及孩子入园的年龄上既要坚持一定的基本条件和原则，又要体现多层次、多规格、灵活多样的做法，以满足社会的需求。

《条例》第七、第八条，《规程》第四、第七、第三十、第三十一条等都体现了这一精神。如《规程》第三十条既规定了办园的基本条件和要求："幼儿园应设活动室、儿童厕所、盥洗室、保健室、办公用房和厨房"，又指出："有条件的幼儿园可单独设音乐室、游戏室、体育活动室和家长接待室"，体现出多层次、多规格的发展要求。

《规程》第四条对幼儿在入园年龄及办园年制上作了灵活、多样的规定。幼儿园适龄幼儿为3~6周岁，根据地区差别也可到7周岁。办园年制一般为3年制，根据各地区情况亦可有2年制或1年制的幼儿园。

《规程》第七条在办园形式上作了灵活性的规定："幼儿园可分为全日制、半日制、定时制、季节制和寄宿制等。上述形式可分别设置，也可混合设置。"

《条例》《规程》的制定，从全国学前教育的实际出发，既有保底的基本要求，又有多层次、多规格、灵活多样的办园要求，这有利于促进全国各地学前教育事业的发展，满足不同地区、不同层次家长的需求。

3. 幼儿生理、心理发展的规律和特点

《条例》和《规程》中的许多条文内容都是依据幼儿生理和心理发展的规律和特点来制定的。

《规程》中多次提到保育和教育的内容，如第一章共七条，其中就有四条提到保育和教育：第一条从制定《规程》的目的，第二条从幼儿园的性质，第三条从幼儿园的任务，第五条从保教的目标都提到保育和教育。这是因为幼儿园的孩子年龄较小，身体器官都十分娇嫩，更需要成人的细心照料、关怀和保育。

《条例》第十六条、《规程》第二十一条都指出幼儿园应当以游戏为基本活动。这区别于中、小学的活动形式是根据幼儿年龄特点和生理、心理发展的特点提出的，幼儿时期孩子心理过程发展的无意性是占优势的，孩子又十分好奇、好动，因此，孩子也最喜欢游戏活动。在游戏活动中能满足幼儿好动、好奇及各种认识的需求，也能有效促进幼儿心理过程的有意性得到发展。

《条例》和《规程》中重视幼儿园卫生保健工作，并多处提出要"爱护幼儿"，保教目标的排列将"体"放在首位等，这些条文和内容都是以幼儿生理和心理发展的规律和特点为依据提出的。

4. 幼儿教育事业发展的经验和总结

新中国成立以来，幼儿教育事业得到了健康的发展，积累了许多宝贵的经验，为今后学前教育事业的发展奠定了基础。

几十年来的经验告诉我们，发展学前教育事业必须动员和依靠社会各方面的力量，形成国家、集体、个人一起办园的格局，以满足社会的需求。1986年和1987年，上海等地陆续遇到了婴幼儿入托、入园的高峰期，在市政府、区政府领导的关怀下，动员和依靠社会各方面的力量共同办园、所，才解决了这一入托、入园难的矛盾和困难。《条例》第五条，《规程》第九条、第四十二条的内容都体现了国家鼓励和支持走多渠道、多种形式办幼儿园的方法。

历史的经验又告诉我们，在办园过程中要加强领导，实行地方负责、分级管理、各有关部门分工负责的管理体制，这样能充分调动地方政府、社会团体及社会各界办园的积极性。这些管理经验及对举办单位和个人的责任在《条例》第六、第十、第二十三条，《规程》第三十六、第四十五、第五十二条等都有明确的规定。

历史的经验还告诉我们，加强保教人员队伍建设是提高幼儿园办园质量的关键。为此，在《条例》第九条、《规程》第三十五条至四十一条对各类人员的任职条件、职责都有明确的规定。

根据几十年来的办园经验，《条例》和《规程》还对办园方向、培养目标、幼儿园编班等都作了明确规定。如《规程》第四十五条规定，任何组织和个人举办幼儿园不得以盈利为目的，明确了办园的指导思想和方向。《条例》第二十七、第二十八条对有损幼儿身心健康的行为和做法作了处罚的规定。

四、《条例》和《规程》的关系及适用范围

《条例》和《规程》都是幼儿教育的行政管理法规，使幼儿园的管理逐步向制度化、规范化、科学化的方向发展。《条例》和《规程》也各有侧重，《条例》侧重于外部管理，旨在政府加强对各类幼儿园的宏观管理，为办好幼儿园提供良好的外部环境，促进幼儿教育事业健康发展。《规程》侧重于幼儿园内部的科学管理，旨在提高幼儿园保育和教育工作的质量。

《条例》和《规程》是相互联系、相互配套的。《规程》中的内容规定是《条例》所确定的基本原则和指导思想的具体化。依据《规程》规定的内容办好幼儿园也是对《条例》较好的实施。两个法规是相辅相成的，应整体地组织实施。

《条例》和《规程》对适用的范围作了阐述，《条例》第二条规定："本条例适用于招收3周岁以上学龄前幼儿，对其进行保育和教育的幼儿园。"《规程》第五十九条："本规程适用于城乡各类幼儿园。"这两条规定使人们对《条例》和《规程》的适用范围有了明确的认识。幼儿教育机构的举办是多渠道、多模式、多种类的，但不论何种类型、形式的幼儿园，不管幼儿园是在城市还是在农村，即使只有一个幼儿班，也要以《条例》和《规程》的精神来指导工作，要认真实施两个法规规定的内容和要求，以此不断提高保育和教育的质量，提高办园水平。

第二节 《条例》和《规程》的主要内容

一、幼儿园的性质和任务

1. 幼儿园的性质

《规程》第二条规定了幼儿园的性质："幼儿园是对3周岁以上学龄前幼儿实施保育和教育的机构,是基础教育的有机组成部分,是学校教育制度的基础阶段。"这一规定明确了幼儿园是对学前幼儿进行教育的机构,与各类学校有相同之处,所以,列入学制系统。但幼儿园又不完全等同于学校,幼儿园孩子年龄幼小,身体各器官和系统发育尚未成熟,要促进幼儿身体正常发育和机能协调发展。同时,幼儿自我保护及独立生活能力较差,需要成人的照料、保护,幼儿园更要担负起保育的责任。因此,幼儿园是实施保育和教育的机构,这在性质上显示出幼儿教育的独特性。总之,幼儿园在其设施、幼儿生活作息时间的安排和活动形式上均不同于其他学校,幼儿园的各项活动要克服小学化、成人化的倾向。

《规程》第二条又明确了幼儿园是基础教育的一部分,是学校教育制度的一个环节,以其独特的内涵向幼儿进行基础教育。幼教工作者要在这一基础阶段,在幼儿发展的最佳时期,使孩子各方面得到充分发展,为孩子整个人生的发展打下良好的基础,使孩子终身受益。

2. 幼儿园的任务

《规程》第三条规定了幼儿园的任务。幼儿园的任务由幼儿园的性质和社会的需求所决定,简言之是"育人"和"服务"两大任务。幼儿园担负起培养塑造一代新人的"育人"任务,向幼儿实施体、智、德、美诸方面全面发展的教育,促进其身心和谐发展。同时,又肩负着服务的任务,为家长参加工作、学习提供便利条件。幼儿园根据家长的需求制定了为家长服务的许多项目,如寒假、暑假、节假日和休息日孩子可继续来园活动,孩子可以早送、晚接,早、中、晚三餐在园搭伙等。幼儿园还定期听取家长的意见,不断增加服务项目,家长的需求成了幼儿园做好服务工作的内容。保教人员想家长所想,急家长所急,帮助家长解决了一个又一个的困难。

二、幼儿园保育和教育的目标

幼儿园保教人员要完成育人的任务,必须明确保育和教育的目标。《条例》第三条、《规程》第五条对幼儿园保育和教育的目标作了规定。幼儿园保教目标的制定是以幼儿身心发展的特点、发展水平和社会需求为依据,使幼儿在体、智、德、美诸方面得到发展,见表7—1。

表 7—1　　　　　　　　幼儿园保育和教育的目标

体	保教目标在排列上将"体"放在首位，这是幼儿身心发展的特点所决定的。幼儿年龄小，又处在生长发育阶段，抵抗疾病能力及自我保护能力差，孩子拥有强健的体魄，就显得尤为重要。同时，要培养幼儿有良好的生活、卫生习惯，有参加体育活动的兴趣。兴趣能推动孩子在今后的发展中积极参加各种体育活动，达到强身健体的目的
智	幼儿期是心理认识过程迅速发展的时期，其观察力、注意力、记忆力、想象力、思维力都获得快速发展，因此，在这幼儿发展的最佳时期要促进幼儿智力发展，同时，根据社会需求强调对幼儿各种能力的培养，培养幼儿正确运用感官和运用语言交往的基本能力，培养幼儿初步的动手能力，还重视培养幼儿有益的兴趣和求知欲望。兴趣和求知欲望是孩子在今后的学习活动、探索活动中不可缺少的情感推动力，能促进孩子的可持续发展
德	以情感入手萌发幼儿五爱的情感，培养幼儿诚实、自信等良好品德行为和习惯及活泼开朗的性格，这些培养的内容是社会的准则及做人的根本，对幼儿今后的生活、做人、适应环境等都将终身受益
美	培养幼儿初步的感受美和表现美的情趣和能力。培养孩子能有情趣地感受美的事物、美的艺术、生活中美好的一切，又能以绘画、音乐、语言等手段进行表现，当然，这种情趣和能力对孩子来说仅是初步的

体、智、德、美的保教目标是一个互相联系、互相渗透、有机结合、不可分割的整体。对孩子的培养和发展应体现全面性、整体性和均衡性，要克服片面的、不均衡发展的种种教育行为。

三、保育的概念与保教结合的原则

1. 保育的概念

保育是指成人为幼儿的生存与发展提供必需的、良好的环境和条件，给予幼儿精心的照顾和养育，以保护和促进幼儿正常发育和良好发展。它包括对幼儿的身体保育和心理保育两个方面。

身体保育是指对幼儿身体及其机能的保护与促进。既包括对幼儿的身体进行保护、照顾，使其不受伤害，能正常发育，同时，也包括采取各种保健手段与措施，促进幼儿身体机能的发展和完善。如气温变冷，提醒幼儿及时添加衣服；锻炼热了、出汗了，提醒幼儿脱衣、擦汗，这是对幼儿身体的保育。保教人员循序渐进地让幼儿在户外较冷的空气中进行适当的身体锻炼，可提高幼儿对外界环境、对寒冷气候的适应能力，这是对幼儿身体机能的促进，也属于身体保育，是一种积极的保育。

心理保育是指对幼儿心理及其能力的保护与增进。既包括对幼儿的心理加以保护，使其不受伤害，正常发育，同时，也包括对幼儿心理能力的培养。例如，当幼儿在户外锻炼走平衡木时，因不敢走平衡木而表现出害怕、退缩时，保育员要在一旁关心，使孩子有安全感，心理不受伤害，同时，鼓励孩子勇敢地走完平衡木，尝到成功的喜悦，以后自己能勇敢地走平衡木。

幼儿的身体保育与心理保育是互相关联、有机结合的。例如，为幼儿提供营养丰富、搭配合理的膳食，这是对幼儿的身体保育，同时，应为幼儿提供一个轻松、愉快的进餐环境，做好心理保育。

一个健康的人，健康的儿童，应该是身体和心理都健康的。世界卫生组织对健康的定义是："健康是指身体、心理和社会适应的健全状态，而不只是没有疾病和虚弱现象"。良好的心理状态和社会适应能力均属于心理健康的范畴，为此，健康主要包含身体健康和心理健康两大方面。保教人员要做好幼儿的身体保育和心理保育，既让幼儿吃好、玩好、睡好，满足孩子身体发展的需求，同时，又要做好幼儿的心理保育，让幼儿在宽松、安全、愉快的环境中得到发展。

2. 保教结合的原则

《条例》第十三条指出："幼儿园应当贯彻保育与教育相结合的原则。"《规程》第一章有七条，其中就有四条提到保育和教育，这是由幼儿园教育对象的年龄及身心发展的特点所决定的，是区别于中、小学的独特之处。

保育与教育相结合是幼儿园工作的基本原则。在幼儿园的教育过程中要实施保育，在保育过程中要进行必要的教育，做到教中有保、保中有教、保教结合。如在进行绘画教育活动时，既要向幼儿进行美的情趣和能力的培养，同时，又要做好保育工作，关注光线的来源和亮度是否合理，注意幼儿的坐姿，引导幼儿保持正确的坐姿和握笔姿势，注意用眼卫生。对在绘画活动中遇到困难的幼儿，要积极鼓励，引导幼儿克服困难，要尊重幼儿的构想，激发幼儿创造的愿望和参加绘画活动的积极性。保教人员在进行教育活动时，不忘对幼儿进行身体和心理的保育。在对幼儿进行洗手、漱口的生活保育时，培养孩子有正确的洗手、漱口的行为习惯是十分重要的。保教人员运用儿歌、图片等教育手段，帮助幼儿学习并掌握洗手、漱口的正确方法，这对提高保育质量是十分有效的。

四、幼儿园的卫生保健与教育

1. 幼儿园的卫生保健

《规程》第三章的内容是幼儿园的卫生保健，做好幼儿园的卫生保健工作是完成幼儿园工作任务的一个重要方面，这与保育员的工作关系十分密切。

保育员要做好卫生保健工作必须了解幼儿园的卫生保健制度。

《规程》第十二条指出："幼儿园应严格执行卫生部颁发的《托儿所、幼儿园卫生保健制度》，以及其他有关卫生保健的法规、规章和制度。"

卫生部1985年颁发的《托儿所、幼儿园卫生保健制度》有九项，这些制度的内容在《规程》第三章中都得以体现。上海市根据托幼机构实际情况制定的《上海市托幼机构卫生保健制度》有八项内容，将第九项家长工作省略。

（1）生活制度。生活制度是指按科学的依据把幼儿每日在园内的主要活动，如入园、游戏、教育活动、户外活动、进餐、睡眠、盥洗、离园等，在时间和顺序上合理地固定下来，并形成一种制度。

实施合理的生活制度，能保护幼儿神经系统的正常发育，培养幼儿有规律的生活习惯，促进幼儿身心的健康发展。《规程》第十三条指出："幼儿园应制定合理的幼儿一日生活作息制度。"

制定科学合理的作息制度要根据幼儿的年龄特点、季节的特点及动静交替的原则。生活制度建立后要严格遵守，不随意更改。在每天的作息时间安排中要确保孩子不少于 2 h 的户外活动时间，及不少于 1 h 的户外体育活动时间。由于幼儿间存在着差异，在生活制度实施过程中可根据个体情况，区别对待。有时园内会有特殊活动的介入，如开幼儿运动会、外出秋游等活动，因此，在安排上又具有相对的灵活性。

(2) 饮食制度。《规程》第十七条指出："供给膳食的幼儿园应为幼儿提供合理膳食，编制营养平衡的幼儿食谱；定期计算和分析幼儿的进食量和营养素摄取量。"

幼儿园要定期研究、合理使用伙食费，要根据幼儿年龄特点来编制食谱，做到荤素搭配、米面搭配、干湿搭配、粗细搭配、甜咸搭配，保证幼儿摄入足够的营养。幼儿每次进餐时间不少于 30 min。要加强对体弱儿的饮食、营养管理，同时要做好各项饮食卫生工作。进餐或点心前，保育员和幼儿要用肥皂、流动水洗净双手。营养室、餐厅、食具、餐具、饮具、食品等均要达到规定的卫生要求。

《规程》第十八条指出："幼儿园应保证供给幼儿饮水，为幼儿饮水提供便利条件。"因此，保育员要为幼儿创设良好的饮水条件，引导幼儿根据自身需求，随时可自由饮水。

(3) 体格锻炼制度。体格锻炼能增强幼儿体质，《规程》第十九条规定："积极开展适合幼儿的体育活动，每日户外体育活动不得少于 1 h。加强冬季锻炼。要充分利用日光、空气、水等自然因素，以及本地自然环境，有计划地锻炼幼儿肌体，增强身体的适应和抵抗能力。对体弱或有残疾的幼儿予以特殊照顾。"幼儿园要根据幼儿年龄、季节的特点安排锻炼内容。保育员要做好活动场地、器械、幼儿穿着等的准备工作。在锻炼过程中，保育员要做好保育工作，提醒幼儿热了脱衣，及时擦汗，对出汗多的幼儿可将毛巾垫衬在幼儿内衣里；要注意幼儿的安全，如提醒幼儿不做危险动作，相互间友好地玩耍，及时系好鞋带；观察幼儿的活动量，对活动量过大的幼儿，提醒适当休息，对体弱儿给予适当的照顾。

(4) 健康检查制度。《规程》第十四条对幼儿的健康检查，在项目内容和时间上都作了规定。幼儿的健康检查包含四个方面，即新入园幼儿的健康检查，每个新生幼儿必须按市、区卫生机构规定的要求进行健康检查后方可入园；在园幼儿的定期体格检查，如每年体检一次，每半年测身高、体重一次，每学期查视力一次；幼儿的晨间检查，检查步骤包括一问、二摸、三看、四查，对有异常的幼儿可留在观察室临时隔离观察，并与家长取得联系；幼儿全日观察，班内保教人员应全日注意观察幼儿的精神、饮食、睡眠、大小便等情况，对有病的和体弱的幼儿加强生活护理，做好全日观察记录，发现异常情况立即与保健员联系。

幼儿园教职工进园工作前，必须经过健康检查，工作后每年也要进行健康检查，体检合格，由健康检查单位签发"健康证明书"后方可上岗工作。

《条例》第九条还规定："慢性传染病、精神病患者，不得在幼儿园工作。"

(5) 卫生及消毒隔离制度。《规程》第十五条对卫生消毒、病儿隔离提出了要求。幼儿园要搞好环境卫生，做到室内外环境整洁、安全、无传染。同时，要搞好幼儿和保教人员的个人卫生，要培养幼儿良好的卫生习惯，早晚用正确的方法刷牙，饭后漱口；保护视力，注意用眼卫生，不长时间看电视；幼儿的服装要保持整洁，衣服、床单要勤洗等。保育员要保持仪表整洁，要勤洗澡、勤洗头、勤换衣、勤剪指甲，上班时不吸烟。

幼儿园的毛巾、玩具、便器和室内空气等要按消毒隔离工作常规定期进行消毒处理。幼儿园的活动室、卧室、厕所、营养室等，每日进行预防性消毒。

幼儿和保教人员患传染病要立即隔离治疗，所在班级要彻底消毒。在保健室隔离观察的幼儿，要有专人护理、喂养，避免交叉感染。

幼儿和保教人员家中发现有患传染病者，应及时向领导汇报，以便采取必要的措施，防止传染病的蔓延。

(6) 预防疾病制度。要贯彻预防为主的方针，做好传染病的预防及多发病的预防工作，幼儿的预防接种率要达到100%。采取早预防、早发现、早隔离、早治疗等措施，切断传播途径，保护易感儿童，加强对体弱儿的管理，同时，要向家长宣传体弱儿保健护理知识，取得家长的配合。

(7) 安全工作。确保幼儿在园的安全，这是做好育人工作的重要一环。如果幼儿的安全得不到保障，事故频出，家长担心害怕，幼儿园育人、服务的任务是无法完成的，更何况有些事故的发生将会给孩子终身带来损害，影响孩子一生的发展，因此，安全工作在幼儿园是至关重要的。许多幼儿园也都十分重视安全工作，制定了各项安全制度，定期进行安全检查：检查园舍及设备的安全；检查日常生活环节中易产生的不安全因素，如幼儿是否携带不安全物品来园；进食时，食物的温度是否适宜；盥洗室的地面是否干燥等。

还要加强安全教育，对保育员进行安全教育。如懂得药物、消毒药品应放在幼儿用手触摸不到的地方；给幼儿吃药时，必须反复核对无误；电源必须安置在幼儿触摸不到的地方等。组织保教人员学习各种安全知识、急救知识，增强保教人员的安全意识。

对幼儿进行安全教育，让幼儿知道哪些东西可以玩，哪些东西不可以玩；哪些地方可以去，哪些地方不可以去；哪些行为是不安全的，让幼儿学习对意外事故的防备能力，提高自我保护意识和能力。

(8) 卫生保健资料的登记统计制度。要搞好卫生保健工作，必须健全各种记录、登记、统计制度，使卫生保健工作日趋规范化。如幼儿出勤率、发病率、体弱儿矫治率、营养分析、幼儿健康检查卡等，这些资料能有效地反馈幼儿园卫生保健工作状况，保育员可配合做好幼儿出勤率、发病率等资料的统计工作。

(9) 家长联系制度。《规程》第八章及第四十九条的内容对家长工作及家长联系制度作了具体的规定，与家长联系的形式多种多样，有接待家长来访、咨询、家园联系信箱、家园联系卡、家访、召开家长会、座谈会、开放活动等，更好地指导家长科学育儿。

2. 幼儿园的教育

几十年来，幼儿教育积累了许多宝贵的经验，同时，又在不断进行教育改革和探索，使幼儿教育更好地适应社会发展的需求。这些经验和教育思想在《规程》第四章中有较集中的体现。

(1) 体现了全面发展、面向全体幼儿的思想。幼儿园的每一个孩子都是未来的接班人，必须使每一个孩子得到全面发展。《规程》第二十一条第一款和第三款体现出了面向全体幼儿，对孩子全面培养的要求。要面向全体幼儿就必须热爱、尊重每一个孩子，无论是听话的、调皮的、漂亮的、不好看的、聪明的、滞后的都一视同仁，即使有些孩子做错了事，也不能大声训斥，要耐心地引导，进行正面教育。

每个孩子因遗传、环境、教育的不同，他们之间是存在差异的，面向全体幼儿必须注重个体差异，因人施教，以促进每一个幼儿得到发展。《规程》第二十四条指出："要促进每个幼儿在不同水平上得到发展。"因此，保教人员要看到每个孩子身上的闪光点，鼓励孩子在自身发展的起点上有进步和提高。

保教人员要全面培养幼儿的兴趣，让幼儿在体、智、德、美诸方面获得全面发展。现在，不少幼儿园朝个性化的方向发展，逐步地形成自己的办园特色。幼儿园的特色是在幼儿全面发展的基础上具有某方面的特长、特色。幼儿园要处理好全面发展与特色的关系。

(2) 体现了整体教育的思想。体、智、德、美诸方面的教育是一个互相联系、互相渗透、不可分割的整体。幼儿的发展是全方位的、整体的发展，不能只重视某一方面而偏废另一方面。

各种教育内容、教育手段是一个内在联系的整体。《规程》第二十一条第四款规定："合理地综合组织各方面的教育内容，并渗透于幼儿一日生活各项活动中，充分发挥各种教育手段的交互作用。"为了达到教育目的，各种教育内容、教育手段要综合地使用，如春天到了，教师通过散步、游戏、学习、环境布置等多种手段让幼儿更好地认识、感受春天的到来，同时，通过画春天、讲春天、观察春天、歌唱春天等多种教育内容，也达到让幼儿认识春天的目的。

(3) 体现了幼儿在活动中的主体地位。《规程》第二十四条提出要引导幼儿主动活动，第二十五条指出应充分尊重幼儿选择游戏的意愿，这些都体现出要重视孩子的独立性、自主性，要让孩子成为活动的主人。保教人员要让孩子在活动中充分运用感官，动手、动口、动脑去亲身体验、亲手操作、亲自感受和认识世界，获得经验与提高，这是灌输式、注入式的教育无法比拟的。在日常生活中，人们常有这样的体验，经过自己主动寻找到达目的地，对路线的印象要比有人陪同到达目的地的印象深刻得多，这是因为在寻路的过程中是在主动探索、主动活动。孩子也如此，在活动中让幼儿主动参与，充分调动了其内因的积极性，所得到的发展和效果好得多。

(4) 体现了重视环境的教育功能。幼儿园孩子的思维是具体形象思维，因此，《规程》对为幼儿创设良好的教育环境给予了高度的重视，《规程》第二十一条第五款都有规定。

环境包括物质环境和精神环境两方面。幼儿园的玩具、户外的运动器械、种植园地、动物角、水池、沙箱、室内活动室、走廊的环境布置等，都是幼儿获得教育与发展的良好物质环境。午餐、睡眠、盥洗等保育环境也是物质环境中不可缺少的内容。保育员要为孩子创设整洁、明亮的进餐环境，舒适、安静的睡眠环境，清洁、防滑的盥洗环境等。教室、走廊的环境创设与布置应体现动态性，并随教育内容、季节的变化而变化。保教人员要成为良好环境的设计者、提供者，让孩子在良好的环境中活动，并引导孩子参与环境的创设，如布置活动室，美化周围环境，孩子对自己参与布置的环境会十分喜欢。

良好的师生关系、生生关系，是不可缺少的精神环境，保教人员与幼儿，幼儿与幼儿间的和睦、友爱，能给幼儿安全感，让幼儿感受到集体生活的愉快、温馨，从而喜爱集体中的每一个成员，积极、愉快的参加每一个活动，身心愉悦地健康成长。

五、保育员的职责和职业道德

1. 保育员的职责

保育员担负着育人的神圣任务，保育员的工作关系到幼儿的身心健康。从事保育员工作是有任职条件的，《规程》第三十五条及第三十八条对保育员的任职条件作了规定，保育员除具备职业道德外，还应具备初中以上学历，并接受过幼儿保育职业培训。《规程》规定了保育员的四条职责。

（1）负责本班房舍、设备和环境的清洁卫生工作。保育员要搞好幼儿园室内外的环境整洁。幼儿园环境的优美、整洁，是保育员辛勤劳动的成果。每天早上孩子还未进教室，保育员就应把教室、桌椅、玩具柜打扫干净，把厕所冲洗得无污垢、无臭味，将户外场地也收拾得清洁、整齐、无杂物，让孩子每天生活在整洁、优美、舒适的环境中。

（2）在教师指导下，管理幼儿生活，并配合本班教师组织教育活动。幼儿生活是指幼儿在园所进行的盥洗、入厕、餐点、饮水和睡眠等一切生活活动。保育员要与教师密切配合，管理好幼儿生活，为幼儿创设良好的进餐、饮水、盥洗和睡眠等生活环境和条件，做好各项生活活动的准备工作，并指导幼儿学习正确的洗手、大小便、进餐、漱口、饮水和午睡等生活能力。对年龄幼小的孩子，保育员在生活上要给予更多的关心和帮助，如对新入园的小班幼儿，午睡时要帮助脱衣，起身后帮助穿衣和穿鞋，大便时帮助使用手纸，拉好衣服，有的幼儿拉尿、拉屎在身上，保育员要耐心地帮助清洗。进餐时鼓励幼儿吃完自己的一份饭菜，关心保护好体弱儿，及时与厨房联系烧病号菜等。

保育员还要配合本班教师组织教育活动，了解本班每周教育工作的计划和内容，配合教师准备好教育活动所需的材料和用具，如美术活动时准备活动所需的器械及茶水、毛巾等物品。在参与幼儿游戏、劳动等活动时，一方面要做好物质上的准备，另一方面还要做好保育工作，关心幼儿，并适当地进行指导。

（3）在医务人员和本班教师的指导下，严格执行幼儿园安全、卫生保健制度。保育员要熟悉了解九项卫生保健制度，努力做好各项安全、卫生保健工作。孩子午睡用的垫被、被套、床单要定期晾晒、清洗；玩具、用具要清洗、消毒；班级中发生传染病要及时做好消毒隔离工作；要协助保健员做好体弱儿的矫治和教育工作。

保育员要确立安全意识，学习安全知识，做好安全工作。定期检查室内外环境的安全，消除不安全的隐患。保育员还要搞好个人卫生，整洁的仪表是孩子学习的榜样，也是搞好卫生保健工作的前提。

(4) 妥善保管幼儿衣服和本班的设备、用具。保育员对本班使用的玩具、垫子、席子和电扇等各种物品要保管好不丢失，并随季节的变化及时替换使用的物品，如天气转凉了，及时将席子和电扇等物品按要求收藏起来，将垫被和棉被等物品在太阳下晒后使用。储放东西的地方要做到通风、干燥和整洁。全托班幼儿的衣服清洗后也要妥善保管。要培养孩子整齐摆放冬季来园时脱下的帽子、围巾、大衣等衣物，离园时不遗忘。

2. 保育员的职业道德

《规程》第三十五条是对幼儿园每一位保教人员职业道德的基本要求，保育员也不例外，必须遵循。

(1) 热爱事业，爱护幼儿。热爱事业、爱护幼儿是保教人员职业道德的核心，是确立正确儿童观的体现，也是搞好幼教工作的前提和动力。如果不爱自己所从事的事业，不爱孩子，那就不可能成为一个称职的保育员。

孩子在成长的过程中需要爱的阳光和雨露，保育员的爱对孩子的成长会产生深远的影响。爱孩子就要爱护每一个幼儿，对所有的孩子一视同仁；爱孩子就要无微不至地关心、爱护孩子，天气凉了，提醒孩子穿上衣服，孩子吃不下饭，要耐心地询问原因，冬天为吃饭慢的孩子热凉了的饭菜；爱孩子就要为孩子创设一个温馨、宽松的环境，对孩子的无意过错不训斥，帮助分析原因，找到改正的方法，对孩子的好奇、探索积极支持，不限制，不约束。保育员要成为孩子成长的良师益友。

(2) 品德良好，为人师表。保育员工作的对象是年龄幼小的孩子，模仿性强，成人的一言一行都会对其产生潜移默化的影响。保教人员在孩子心目中的地位往往是最高的，保教人员的言行、举止、穿着打扮都会对孩子产生深刻的影响，起着熏陶和感染的作用。与中、小学生相比，幼儿对保教人员的依恋感最强，可塑性也大，因此，保教人员要严于律己、以身作则、增强自控力，做到举止端庄、语言文明、态度和蔼、仪表整洁大方，成为孩子学习的榜样。每个人都有喜、怒、哀、乐，保育员来到幼儿园工作就要将个人的一切不快和烦恼都留在幼儿园之外，使自己属于孩子、属于工作，这样，保育员就会态度和蔼地对待幼儿，不会整天板着脸，动辄发怒，使孩子害怕。保育员要使用文明语言，当孩子与你道早安或道别时，保育员要使用礼貌用语作出回应。保育员要不讲脏话、粗话，不大声讲话，不随便在孩子面前讲别人的坏话，更不能当着孩子的面与人争吵。要求孩子要做到的，保育员要身体力行，先做到，如保育员在摆放和收拾碗、筷、杯子等物品时，要轻拿、轻放，孩子看在眼里、记在心里，也会学着轻拿、轻放。

榜样的力量是无穷的，保育员要时时处处注意加强自我修养，成为孩子的表率，这是一种无形的教育力量和影响。

(3) 努力学习、团结协作。每个人要跟上时代的步伐，与时俱进，就必须努力学习。

学习能不断的充实自己，从中汲取养料，提高自己的政治思想觉悟；学习能增强自身的道德修养，增强工作的责任感、自觉性；学习能加强业务修养，不断更新教育观念，学习教育方法，提高业务水平，配合教师搞好班级保教工作，更好地履行工作职责；学习能加强身心修养，增强自控、自律，以健康的心理来影响、感染幼儿。保育员要努力参加政治、业务、文化学习，在学习的大道上不断迈步向前。

幼儿园保教任务的完成，单靠个人的力量是不行的，必须要有全体人员的共同努力，所以，幼儿园必须形成一个团结协作的集体，大家为了一个共同的办园目标，心往一处想，劲往一处使，才能取得好的办园效果。

要形成一个团结协作的集体，良好融洽的人际关系是十分重要的。集体中的成员来自四面八方，个人的经历、习惯、性格、能力、爱好各不相同，要和睦相处、协调工作必须互相尊重，互相配合。俗话说："红花虽好，还要绿叶扶持""一个篱笆三个桩，一个好汉三个帮"，这些都说明人与人之间是需要互补互助的，一个有作为的集体，其内部成员间的关系必然是互相补充、互相配合的。

要形成一个团结协作的集体，每个人心胸要开阔，遇事要冷静。集体中的成员在工作中难免会发生磕磕碰碰的事，遇到了矛盾、问题，要学习冷静地分析问题、处理矛盾，心平气和地谈心、沟通。要以开阔的胸怀对人对事，决不为一点小事斤斤计较，要虚心听取别人的意见，包括家长的意见。在集体中不利于团结的话不讲，不利于团结的事不做，为维护形成团结协作的集体作出自己的努力。

许多保育员为了共同的办园目标在努力地默默无闻地工作着，配合教师做好各项工作，有的教师接受开放、观摩的任务，保育员就努力地做好幕后工作，甘当一片绿叶，甘做一个配角，在温暖的大家庭中又添上一份温馨。全体人员的互相关心、团结协作，为的是孩子美好的明天。

（4）遵纪守法、忠于职责。为了加强科学管理，每所幼儿园都制定了各项规章制度：上下班制度、会议制度、学习制度、安全工作制度、工作检查制度等，并健全了各类人员的岗位职责。保育员是集体中的一个成员，不仅要遵守这些规章制度，还要以主人翁的态度，认真履行工作职责。幼儿园的许多工作，往往是在无人监督的情况下完成的，因此，这更需要保育员具有强烈的责任感，为了孩子的健康成长，尽心尽职地积极主动工作。在工作中，保育员要做到园长在与不在一个样，检查与不检查一个样，节假日与平时一个样。许多保育员就是这样勤勤恳恳、踏踏实实地工作，忠于自己的职责。每个保育员既是幼儿园的成员，又是社会的一份子，因此，还必须遵守社会公德。如遵守"七不"行为规范：不随地吐痰、不乱扔垃圾、不损坏公物、不破坏绿化、不乱穿马路、不在公共场所吸烟、不讲粗话脏话。保育员要成为宣传、执行"七不"的带头人。在家庭、社会的生活中要尊老爱幼，积极参加社区献爱心等精神文明活动，不参与违纪、违法活动，使自己在家庭、社区的生活中体现出一个保育员的良好素质，体现出一个幼教工作者的文明风采，成为一个遵纪守法的好公民。

第三节 《上海市母婴保健条例》主要内容

《上海市母婴保健条例》是为了保障母亲和婴幼儿健康，提高出生人口素质，根据《中华人民共和国母婴保健法》和有关法律、法规，结合上海的实际情况而制定的。《上海市母婴保健条例》共八章五十三条。现将《上海市母婴保健条例》中与托幼园所工作有关的条文内容摘录出，供保育员学习。

一、婴幼儿保健

现摘录《上海市母婴保健条例》第五章中三条内容如下。

第四十条规定："新生儿生后一个月内，监护人应当携带新生儿到其母亲户口所在地的地段医院或者乡、镇卫生院进行登记，领取儿童保健卡。

儿童保健卡是医疗保健机构对婴幼儿定期进行体格检查等系统保健服务的记录，作为婴幼儿入托儿所、幼儿园、小学的健康证明。"

第四十二条规定："托儿所、幼儿园应当设立保健室。其中实行寄宿制的，还应当设立隔离室。

托儿所、幼儿园应当对保健员、保育员、营养员进行职业培训。"

第四十三条规定："托儿所、幼儿园的保健员、保育员、营养员应当接受有关专业知识培训和技术等级考核，取得相应的技术等级证书。

托儿所、幼儿园工作人员每年应当到单位所在地的区、县妇幼保健所进行健康检查，领取托儿所、幼儿园工作人员健康证明。"

从以上三条内容可以看出，法规重视婴幼儿和工作人员的健康检查。法规规定婴幼儿和工作人员要定期进行体格检查，确保群体成员身体健康，为婴幼儿在园所的生活创设一个健康的环境。

法规重视托幼园所保健室的设立及保健人员的配备。托幼园所保健室的设立及保健人员的配备对搞好卫生保健工作十分重要。现在上海的托儿所、幼儿园都设立了保健室，还设立了对幼儿的观察室、隔离室，并都配备了相应的保健员，带领全园教工做好卫生保健工作。

法规重视对托儿所、幼儿园三员的职业培训。除职业培训外，法规还规定，三员要接受技术等级考核，并取得相应的技术等级证书。保育员的技术等级目前有高级、中级和初级，人员数量呈金字塔形，初级保育员人数最多，高级保育员相对较少，高级保育员应能指导中级、初级保育员的工作。幼儿园的保育员都必须持证上岗。

二、法律责任

《上海市母婴保健条例》第七章共有四条内容，现将与托幼机构有关的条文内容摘录如下。

第四十九条规定:"……对聘用未取得托儿所、幼儿园工作人员健康证明书的人员从事托儿所、幼儿园工作的,卫生行政部门应当予以制止,并给予该单位警告或者处以500元以上2 000元以下的罚款。"

法规还规定了托儿所、幼儿园工作人员必须具有健康证明书,否则卫生行政部门将给予该单位警告或者罚款的处分。工作人员的健康,对确保婴幼儿的健康是十分重要的。

思 考 题

1. 《幼儿园管理条例》《幼儿园工作规程》何时施行,适用的范围、制定的依据是什么?
2. 幼儿园的性质和任务是什么?
3. 幼儿园保育和教育的主要目标有哪些?
4. 保育的概念是什么?生活制度的安排要注意什么?
5. 保育员的职责有哪些?
6. 保育员应遵循哪些职业道德?
7. 《上海市母婴保健条例》有关托幼工作的规定内容有哪些?

第八单元　婴幼儿心理发展

第一节　婴幼儿心理概述

一、心理和人的心理现象

"心理"并不神秘和陌生,是人人都会产生,并能感受到的现象。比如,在上课的教室,突然走进一位陌生人和老师说话,学生都会不约而同地把目光投射到此人身上,打量着他,心想他是来干什么的?和老师都说些什么事?他的言语、行动刺激了听课的学生,他们的大脑也就产生了一系列的反映,即产生了各种心理现象。

1. 心理的概念

心理是人脑对客观现实的能动的反映,可以从三个方面来理解。

(1) 脑是心理的器官。人的心理活动离不开大脑,没有大脑就没有人的心理。脑部受损的人,心理活动就会受到影响,如先天性耳聋者、精神病患者等。没有大脑便无从产生心理。

(2) 客观现实是心理产生的源泉和内容。心理是客观现实的反映,只有大脑,而没有客观事物对大脑的刺激,人也不会产生心理活动。如印度狼孩卡玛拉,她在出生时大脑是正常的,但后来当人们在狼穴里发现她时,她却没有正常的同龄人的心理。所以,只有当客观世界的事物影响和作用于人脑时,才会产生心理现象。

(3) 心理的反映具有能动性。人脑对客观现实的各种刺激不是像镜子、照相机那样被动地反映,也不是像钉子钉木板那样机械地反映,而是主动积极地反映客观事物,比如:水,人们不仅认识并使用它,甚至还可以变水害为水利,利用它来发电。

人脑对各种刺激信息是根据自己的目的进行有选择的反映,同时,结合自己的知识经验、个性特点来对客观现实作出反映。因此,对同一客观现实,不同的人有不同的心理反映,即人脑对客观现实的反映具有个体特点。

2. 心理现象的内容

人的心理现象是个复杂的整体,一般来说,心理现象可以概括成心理过程和个性心理两个方面,如图8—1所示。

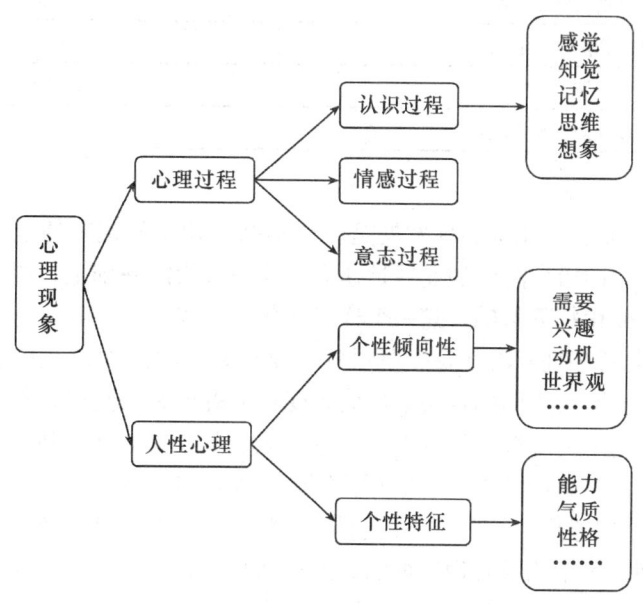

图8—1 心理现象

(1)心理过程。心理过程是指人的心理活动发生、发展和完善的过程。它包括三个过程:认识过程,即知(感觉、知觉、记忆、思维、想象);情感过程,即情;意志过程,即意志。

(2)个性心理。个性心理是指人在处理各种事件时,不但有各种心理活动,而且还表现出每个人不同的心理特征。包括个性倾向性(需要、兴趣、动机和世界观等)和个性特征(能力、气质和性格等)。例如,不同的人在决定自己采取某种行动时会有各自不同的主观原因,并会有各自经常表现出来的与众不同的心理倾向和心理特点。

总之,心理现象的各个方面不是孤立的,而是彼此联系着的。没有心理过程,个性心理就无从产生,同时,已经形成的个性心理又制约着心理过程,在心理过程中表现出来。因此,个性心理的发生发展及其规律就是心理学的研究对象。

3. 各年龄阶段的划分

(1)心理特征。在一定的社会和教育条件下,儿童在不同的年龄阶段中所形成和表现出来的一般的、典型的、本质的心理特征就是儿童心理年龄特征。不同年龄的人有不同的心理特征，婴幼儿心理就是指婴幼儿期的心理特征。按照儿童心理发展的基本规律和所受教育的阶段，可分为6个年龄阶段，见表8—1。

表8—1　　　　　儿童心理发展的基本规律和所受教育的6个阶段

乳儿期（哺乳期）	0～1岁
婴儿期（托儿所期）	1～3岁
幼儿期（幼儿园期）	3～6、7岁
学龄初期（小学期）	6、7岁至11、12岁
学龄中期（初中期）	11、12岁至14、15岁
学龄晚期（高中期）	14、15岁至17、18岁

（2）发展规律

1）连续性和阶段性。儿童心理发展是一个不断实现矛盾统一的过程，也就是一个从量变到质变的过程。即后一阶段的发展是建立在前一阶段的基础上，同时，前一阶段的发展又为后一阶段的变化打下基础，是一个连续变化的过程。

2）稳定性。儿童心理发展在每一阶段的变化过程和速度大体是稳定和共同的，并且这种顺序和系统不会因为不同的社会条件而改变，或跳过某一阶段。例如，儿童动作的发展总是遵循着从上到下的规律，不可能看到某个孩子不会独坐就会独走的现象，也不可能看到婴儿在七八个月时就能独走，一般都要等到1岁左右才会走。

3）可变性和个别差异性。由于不同阶段的社会生活环境和所受教育影响的不同，以及遗传素质的差别，每个儿童心理发展的速度和水平会各有差异。不同的时代表现出不同的想法，并且孩子间的差异在年龄越小的孩子身上越明显。

4）敏感性（关键期）。敏感性是指在人生的某个特定年龄时期，学习某种知识，形成某种行为经验比较容易，或心理某个方面的发展最为迅速。错过或忽略了这个时期或阶段，再形成掌握就比较困难，这就是心理发展的敏感期。例如，0～1岁和2～3岁是动作发展的迅速期；2～3岁是口头语言飞跃发展的关键时期；3岁前婴儿的好奇心和接受能力最强；5岁左右是数概念的关键年龄；6岁是大小、方位知觉的敏感期。由此可看出，四五岁前是婴幼儿能力发展和脑神经发育的飞速期。

婴幼儿心理发展基本上是一个从不成熟到成熟的过程，保教工作者的任务就是要促进婴幼儿心理逐渐成熟，不断发展。

二、影响婴幼儿心理发展的因素

影响婴幼儿心理发展的主要因素有遗传和生理成熟（生物环境）、环境和教育（社会环境）。

1. 遗传和生理成熟

遗传是一种生物现象，是指人类通过细胞核里的染色体，把祖先在长期生活过程中形成和固定下来的生物特征传递给下一代。遗传的生物特征，主要是与生俱来的生理解剖特点，也称为遗传素质。如机体的结构（身高、相貌等）、神经系统的类型、感觉器官的特点等，其中，对心理发育最具影响的是大脑的结构和机体的特征。

生理成熟是指人在生长发育的某阶段，某种器官的成熟。

（1）遗传和生理成熟是婴幼儿心理发育的物质基础，为婴幼儿心理发展提供了可能性。婴幼儿的心理发育是在一定的遗传素质基础上发展起来的。没有与生俱来的生理特点作为基础，婴幼儿的心理便无从产生和发展。例如，先天性耳聋儿，则不大可能成为音乐家；一个肢体残疾儿，就几乎不大可能成为精密仪器的操作师和外科手术执刀医师；先天性愚型儿，由于染色体遗传不正常，其心理发育有严重障碍。

（2）遗传的个别差异为婴幼儿心理发展的个别差异提供了可能性。正常的婴幼儿都具有人类的遗传素质，但其表现是不同的。例如，从新生儿就可看出，有的婴儿安静，不好动；有的喜哭叫，手脚乱动；有的睡眠时间长；有的睡眠时间短。虽然这些先天差异在后天生活条件下是可以有所改变的，但最终还是会影响婴儿才能的发展和心理的发育。

（3）婴幼儿的生理成熟程度在一定程度上制约着心理的发展。婴幼儿的心理发展与其生理发育，特别是脑神经系统的成熟发育程度密切相关。例如，婴幼儿好动，注意时间短，不能较长时间从事某一活动；遇见客人来家，要么是胆小，不肯露面，要么是兴奋，不能很好地控制自己的行动，这与他们大脑皮层的抑制机能发展水平低，调节机能差有关。因此，婴幼儿心理发展水平在一定程度上受生理成熟程度的制约。

总之，遗传和生理成熟在婴幼儿的心理发育中起一定作用，并在一定程度上制约着心理发育，是心理发育的物质基础和前提。

2. 环境和教育

（1）环境。环境在一定条件下对婴幼儿心理的发展起决定性作用。

婴幼儿出生后，必然生活在一个具体的、特定的环境之中。所谓环境，即指婴幼儿周围的客观现实，包括自然环境和社会环境两大方面。

1）自然环境。自然环境对婴幼儿心理发育有着极大影响，涉及的范围较广。其中，婴儿生长的胎内环境也是一种自然环境，它对胎儿的生长发生直接的影响，然而，人为因素能够破坏这种自然环境。例如，母亲怀孕期间如果患上风麻疹，则易导致新生儿盲、聋、心脏缺陷和智力迟钝；严重的流行性感冒会引起怀孕早期自动流产或新生儿出生缺陷的危险；营养缺乏，特别是蛋白质缺乏会严重影响胎儿脑的发育；孕妇情绪不好，频繁的激动、易怒，过度的恐惧和悲伤会影响内分泌，从而导致胎儿发育不良。此外，药物、抽烟、酗酒和吸毒等都是较为严重的导致胎儿发育不良的因素。因此，必须创立良好的自然环境，以促使婴幼儿心理正常发展。

2）社会环境。社会环境在很大程度上制约着婴幼儿心理发育的方向和水平。社会环境包含着许多因素，即围绕着婴幼儿的人群、社会设施和网络，以及历史文化影响等，对婴幼儿来说主要是家庭、学校（托幼园所）和所居住的区域。布朗芬布伦纳（Bronfenbrenner）按生态学的观点对环境作了系统的分析，如图8—2所示。

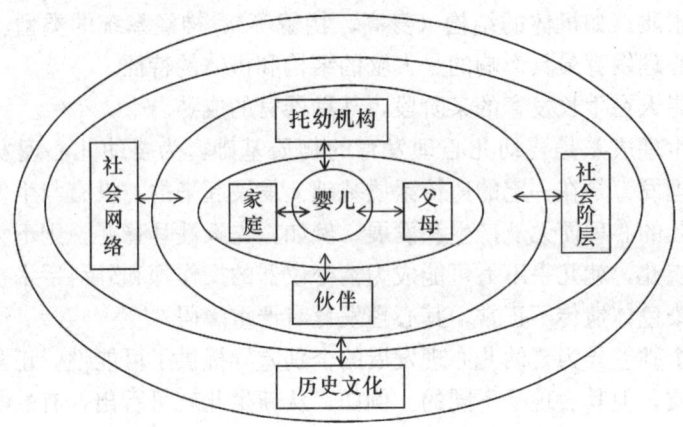

图8—2 婴儿生存的社会环境

从图中可见，婴儿生存于其中，首先是家庭和父母这个小系统；其次是托幼机构和伙伴的中间系统；再次涉及到更广的外在系统和历史文化的大系统。在这个社会体系中，家庭是最初、最基本的社会环境，与婴儿相互作用的是父母，其主要关系是亲子关系，所以，家庭的生活方式、物质条件、文化素养，以及家庭氛围都会对婴幼儿心理发育产生直接、深刻、持久的影响。托幼机构的集体养育环境——学校的创设，使婴幼儿有更多的伙伴接触，有利于婴幼儿心理良好的发育，以及多方位的刺激。社会阶层和历史文化会影响着养育婴幼儿的态度和行为。这些都决定着婴幼儿心理发展的方向和水平。

（2）教育。教育在一定的社会环境下，对婴幼儿的心理发展起主导作用。

社会环境的影响在很大程度上是通过教育来实现的。教育受社会性质制约，它是一种有目的、有计划、有系统地对婴幼儿施加影响的活动。在教育过程中，教育者通过对儿童的观察、了解，有的放矢地进行"因材施教"。对有良好素质的婴幼儿进行特殊的培养、训练，使他们的才能得到充分发挥；对一些发育不足、有缺陷的婴幼儿或低能儿进行特殊的训练，以改善和弥补他们心理发育上的某些不足。但是，环境的设置、教育的影响都要通过婴幼儿心理发育的内因（成熟程度）来实现。例如，婴幼儿只有简单的数概念，不具备复杂的数运算能力，那么，教育者就应该从婴幼儿的实际出发，对其施以数的概念和进行最简单的运算，促进其发育。

总之，环境和教育的外界刺激活动引起的婴幼儿心理反映，使遗传所提供的可能性转变为现实性。随着婴幼儿年龄的增长，遗传的作用越来越小，而环境和教育的作用越来越大。因此，要努力创造适应并且有利于这种素质发展的良好的环境和教育，从而使婴幼儿心理发展的可能性变为现实性。

三、学习婴幼儿心理基础知识的意义

1. 保育员是婴幼儿教育环境中的重要组成部分

保育员在托幼机构中也是教养工作者，同样肩负着教养婴幼儿的责任。保育员的一举一动，一言一行，都能对婴幼儿产生潜移默化的教育作用，保育员的不当言行，会影响或伤害婴幼儿的心理发展。因此，学习些婴幼儿心理基础知识，有利于提高保育质量，更科学地育儿。

2. 有利于保育员形成良好的心理品质

作为保育员应有一定的文化知识和良好的文明行为习惯，应该是一个勤劳、勤奋、热情、活泼、开朗、认真负责和有一定事业心并且爱孩子的人。通过学习能帮助保育员找出自己的积极心理品质和消极心理品质，可有意识地培养和调整自己优良的心理品质，促进工作。

3. 能对婴幼儿进行心理保育，做好本职工作

保育员不仅要对婴幼儿进行生活护理，而且在生活护理中还要重视对婴幼儿的心理保育。由于婴幼儿年龄小，可塑性、模仿性大，并存在明显的个体差异，保育员对孩子的态度、动作、言语等都会对婴幼儿的性格、行为发生影响。因此，在日常保育工作中，保育员应细心了解每一个婴幼儿的心理特点，才能有效地促进婴幼儿心理健康发展，做好本职工作。

第二节　婴幼儿心理过程的发展

一、婴幼儿感觉、知觉的发展

感知觉是人一生中出现得最早、发展得最快的认识过程，是婴幼儿认识世界和自己的基本手段。

1. 婴幼儿感觉的概念和种类

（1）感觉的概念。人有各种感觉器官：眼、鼻、耳、舌、皮肤等。外界事物接触刺激感官，通过神经传到大脑，就会产生感觉。因此，感觉是人脑对直接作用于感觉器官的客观事物的个别属性的反映。

现实生活中有许多不同的个别属性，如颜色、声音、气味、温度、质量、软硬、味道等，当这些作用于人的感觉器官时，人脑就会对这些事物的个别属性产生反映，如疼痛、酸味、感到很冷等。

（2）感觉的种类。感觉一般分为两大类：外部感觉和内部感觉。

外部感觉是指接受外部刺激，反映外界事物属性的感觉。如视觉、听觉、嗅觉、味觉、皮肤等。

内部感觉是指反映机体内部的感觉。属于内部感觉的有运动觉（反映骨骼、肌肉运动和自己身体位置、状态的感觉）、平衡觉（反映运动速率和方向的感觉，即知道自己身体平衡）、内脏感觉（反映内脏各器官活动状态的感觉，如饥饿、渴、内脏疼痛等）。

一般来说，只有初生的婴儿才有较单纯的感觉，成人的感觉已经与知觉合在一起了。

2. 婴幼儿知觉的概念和种类

（1）知觉的概念。知觉一般是由多种属性联合活动的结果产生的，是比感觉更高一级的心理活动。因此，知觉是人脑对客观事物的各种属性的整体反映，例如，单看到黄色不知是何物，打开后便知是只黄色的杯子等。

（2）知觉的种类。知觉主要包括一般知觉和复杂知觉，复杂知觉又包括空间知觉和时间知觉。

1）一般知觉。一般知觉是以知觉时起主导作用的感官为依据，划分为视知觉、听知觉、嗅知觉、味知觉和触知觉等。例如，看电视时虽有耳朵的作用，但以视觉为主，为视知觉。

2）复杂知觉。根据所反映的事物的特征，知觉可分为比较复杂的空间知觉和时间知觉。

①空间知觉。空间知觉是人脑对物体的形状、大小、远近、方位等空间特性的反映，包括形状知觉、大小知觉、图形知觉、距离知觉、方位知觉等。

②时间知觉。时间知觉反映客观事物运动和变化的延续性和顺序性，是一种感知时间的长短、快慢、节奏、先后的知觉。

3. 婴幼儿观察的概念和特征

（1）观察的概念。观察是一种有目的、有计划、比较持久的知觉，是知觉的高级形式。人在观察过程中表现出的稳定的品质和能力就是观察力。

（2）观察的特征。观察的特征主要表现在：婴幼儿观察的目的性不明确；婴幼儿观察的持续时间不长；婴幼儿观察的概括性不强；婴幼儿观察的细致性不够；婴幼儿观察能力是在生活环境和教育影响下，经过系统的培养、训练逐渐发展起来的。

4. 婴幼儿感知觉发展的特点

感知觉是婴儿认识世界的开端，是其他复杂心理过程的基础。离开了感知觉，人就不可能认识客观世界中的一切事物。例如，孩子没有接触过火，不了解火的特征，当火柴划亮时，好奇心会使他们用手去捉火，待烫痛感知后就再也不敢用手去捉火。

（1）感知觉是婴儿最早发展的，是智力发展的早期基础。婴儿期首先发生的是各种单一的感觉，而后在感觉的基础上产生知觉。因此，感知觉是人一生中最早、发展得最快的认识过程，是人认知结构中最重要的一个组成部分。

（2）在活动中婴幼儿的感知觉不断得到发展。婴幼儿主要是在生活活动中，在摆弄玩具等游戏活动中发展自身的感知觉。

（3）经验在婴幼儿知觉过程中的作用不断增大。随着年龄的增大，幼儿的生活经验越来越丰富，也越能从部分信息中获得知觉。例如，哭闹的幼儿一看见成人手拿似糖果的东西逗引他，就会立即停止哭声，因为他知道糖果甜、好吃，当他吃后确定是糖果时，就能按要求完成成人的指令；若不是糖果，便会继续哭闹。以后用这东西再逗引他时，他会不予理睬。

(4) 语调在婴幼儿感知觉发展中起日益增大的作用。随着年龄的增大，婴幼儿语言也在逐渐发展和扩充，从而使其对事物的感知能力更精确、更迅速和更完整。

(5) 婴幼儿感知觉的目的性、概括性逐渐在加强。保育员在日常的生活活动中要让幼儿进行多种实践活动，从而发展其感知觉。

总之，在婴幼儿期，感知觉在认识活动中占主导地位，随着年龄的增长，思维会逐渐取而代之，成为认识活动的主宰。

二、婴幼儿记忆的发展

1. 记忆的概念

记忆是人脑对过去经验的反映，它包括识记、保持、再认和回忆（再现）的过程，见表8—2。

表8—2　　　　　　　　　　　记忆的过程

识记	是认识和记住事物，并在头脑中留下映像的过程 如：看到西瓜，记住这是一个西瓜
保持	是巩固已获得的知识经验 如：西瓜的映像在大脑中留存
再认	是指感知过的经验（事物）重新接触时，能把它识别出来 如：在别处看到具有西瓜特征的东西，能认出这是西瓜
回忆	是指经验过的事物不在眼前时，能把它重新回想起来 如：当别人在讲述西瓜的形象时，能联想起来，并在脑中浮现

总之，记忆和保持是再认和回忆的前提，而再认和回忆是记忆和保持的结果。

2. 记忆的种类

(1) 按记忆保持时间的长短划分，可分为三种：瞬时记忆、短时记忆和长时记忆，见表8—3。

表8—3　　　　　　　　　　按记忆保持时间长短的分类

瞬时记忆	指识记的材料仅呈现一次，保持的时间在1~2 s的记忆成为瞬时记忆 如：看见电话号码后马上去拨打
短时记忆	指识记材料保持的时间不超过1~2 min的记忆 如：记住了电话号码去拨打，电话不通时再拨打一次。电话打不通一会再拨时，就忘记了电话号码，需要再查看，这就是最常见的短时记忆
长时记忆	指识记材料保持的时间较长，甚至是终身的记忆。长时记忆通常需要记忆的材料反复呈现（多次复习和运用） 如：自己的生日或子女的生日

一般认为，以上三个记忆是记忆过程的三个阶段。瞬时记忆的材料如果被注意，就进入短时记忆，短时记忆的材料经过重复就转入长时记忆。

（2）按记忆是否有目的划分，可分为无意记忆和有意记忆，见表8—4。

表8—4　　　　　　　　　　按记忆是否有目的的分类

无意记忆	预先没有明确目的，也不需要意志努力的记忆，是初级的记忆形式 如：在马路上看见抓小偷情景后叙述；儿童看动画片等
有意记忆	事先有明确目的，并经过一定努力进行的记忆 如：幼儿背诵儿歌；学习后进行考试等

（3）按对记忆材料是否理解划分，可分为机械记忆和意义记忆，见表8—5。

表8—5　　　　　　　　　　按对记忆材料是否理解的分类

机械记忆	不理解记忆的事物，只用机械重复的方式进行记忆，即"死记硬背" 如：儿童背古诗；人们记电话号码等
意义记忆	在对事物理解的基础上，依据事物内在联系，运用有关经验进行的记忆 如：一年分为哪几个季节；太阳落在什么方向；油为什么浮在水上等

（4）按记忆内容划分，可分为运动记忆、情绪记忆、形象记忆和逻辑记忆，见表8—6。

表8—6　　　　　　　　　　按记忆内容的分类

运动记忆	以做过的运动活动作为内容的记忆。人的一切生活习惯、熟练技巧都是在运动记忆的基础上形成的 如：蛙泳、蝶泳等姿势
情绪记忆	对体验过的情绪或情感的记忆 如：六一儿童节时的高兴事、节假日外出游玩的愉快感等
形象记忆	对感知事物的形象的记忆 如：孙悟空、猪八戒等
逻辑记忆	对概念、公式、规律等的逻辑思维过程的记忆 如：儿童计算中四则运算的内在规律等

3．婴幼儿记忆发展的特点

（1）婴儿出生不久出现了线索记忆。最早出现的是运动记忆，而后是延迟性模仿式记忆，再次引起回忆能力的出现。线索记忆是指在提醒条件下记忆的恢复；延迟性模仿是指对先前经验在延迟一定时间后出现对该经验的模仿行为。

（2）无意记忆占优势，有意记忆逐步发展。如看过的动画片、广告，听过的笑话、歌曲等，儿童容易自然而然地记住。

（3）机械记忆占优势，意义记忆逐步发展。婴幼儿对一些材料的记忆往往是以机械记忆为主，如跟着学唱歌，但并不懂歌词的内涵。但到了学前班在复述故事时，幼儿并不是逐字逐句地照搬死背，而是经常用自己熟悉的词代替较生疏的词，并可能略加入某些情节，这就说明其意义记忆开始萌芽和发展了。

（4）形象记忆为主，逻辑记忆逐步发展。记忆内容的发展有一个过程，形象记忆的发展是早于语词记忆的发展。婴幼儿容易记忆具体形象，而且保持很久，如老虎的样子，狗的叫声，学做小兔跳等。但随着语言的发展和教育的影响，也开始能记忆一些抽象的道理和规律，如 5＋8＝13，10－5＝5 等。

（5）记忆的精确性较差。记忆的精确性是记忆发展的标志之一。如果没有精确的记忆，那么，记得东西再多也毫无意义。婴幼儿在进行回忆时往往只记住富有吸引力的内容，而将那些主要的、本质的东西遗忘了，如幼儿只记得奥特曼的手势和头的尖角，而记不住总体的角色形象。另外，幼儿在进行回忆时也往往主观愿望与现实分不清，例如，看到伙伴的爸爸是个神气的警察，就想自己的某个亲人也是警察，即往往造成对记忆材料的歪曲。

保育员要以形象鲜明、具有生动感情色彩的内容，以能吸引幼儿兴趣的形式，帮助婴幼儿发展记忆。

三、婴幼儿思维的发展

1. 思维的概念

思维是人脑对客观现实概括的、间接的反映，是认识的高级阶段。

（1）概括的反映。是对一类事物的本质属性的反映。如在生活中常常看到：在太阳照射的地面上洒水，地面一会儿就干了；在炉子上烧水，不仅水开了会冒汽，时间长了还会烧干。在这些经验的基础上，概括出水遇到一定的热量就会蒸发。

（2）间接的反映。通过对事物的已知属性去反映其未知属性，以及与其他事物的关系。如西落时太阳火红，推测明天是个大晴天；一楼地上砖头回潮，就知道将要下雨等。

2. 思维的方式

婴幼儿思维的发展，是一个从低级到高级，从不完善到完善的漫长而复杂的过程。它的发展水平和发展速度在很大程度上受到教育的影响。

（1）直觉行动性思维。思维是伴随着行动或动作来进行的，是跟自身的动作和对事物的直接感知紧密联系着的，即边动作边思维。例如，婴幼儿玩开汽车游戏时，常把小椅子的背当作方向盘，但一离开椅子，所有有关"开汽车"的思考就全部停止了。3 岁前的婴幼儿主要是这种思维。

（2）具体形象性思维。思维主要是依靠事物的具体形象或表象来进行的。例如，幼儿总是不肯称呼比自己年小的人为姐姐或哥哥，因为在他们脑子里，哥哥姐姐要比自己大。即思维不是凭借对事物的理解、判断、推理来进行的。3 至六七岁的幼儿就是以这种思维为主。

（3）抽象逻辑性思维。思维是借助于以语词为代表的概念、判断、推理来反映事物的本质特征和规律的。由于幼儿知识、经验、语言和抽象概括水平有限，这一时期幼儿的抽象逻辑思维还处于萌芽状态。

3. 婴幼儿思维发展的特点

婴幼儿从出生至六七岁，由于活动范围的扩大，知识、经验的不断丰富和言语能力的发展，其思维也有独立的典型表现。

（1）思维由直觉行动性思维逐渐向具体形象性思维发展。婴儿期的思维是由自身的活动或动作联想的；到了幼儿初期，思维仍带有很大的直觉行动性，一般是在玩弄玩具的动作中进行思维活动的；到了幼儿中期，已逐渐摆脱物体和动作的支持，转而借助事物的表面现象进行思维。

（2）婴儿期以直觉行动性思维为主要的思维方式。婴儿进行思维是与其对事物的感知及自身的行动分不开的。例如，婴儿看见喜爱的玩具闹着玩，当玩具转移不存在时，其哭闹也停了，思考也随之停止了。

（3）幼儿期以具体形象性思维为主要的思维方式。具体形象性思维是在直觉行动性思维的基础上形成和发展起来的。例如，幼儿在游戏中扮演的角色完全是凭借平时看到的具体事物为依据来进行的：妈妈——抱宝宝或喂宝宝吃，医生——打针，交警——站在马路上指挥交通。

（4）幼儿末期，抽象逻辑思维开始萌芽，但抽象概念不易掌握。表现为：常按照自己的生活经验进行判断、推理；常依据事物的表面联系进行判断、推理。

（5）言语在婴幼儿思维发展中的作用日益加强。随着婴幼儿言语发生发展，其表达力在思维发展中的作用越来越明显，而且通过听、说训练，促进了思维的成熟发展。

保育员要不断丰富婴幼儿的感性知识，丰富婴幼儿词汇，鼓励婴幼儿多想、多问，不断发展其思维能力。

四、婴幼儿想象的发展

1. 想象的概念

想象是人脑对已有表象进行加工改造，形成新形象的心理过程。凡是感知过的事物在头脑中保留的形象叫表象。如孙悟空就是人脑对已有的表象——猴子（机动灵活）和武士结合并加工改造后形成的一个新的形象。

想象来自于现实，没有现实基础的想象是没有的。

2. 想象的种类

根据有无预定目的，想象可以分为无意想象和有意想象。

（1）无意想象。是指没有预定目的的，不自觉地产生的想象，即"胡思乱想"。例如，看见抽象的油画，会自然想到它像某种东西或动物。

（2）有意想象。是指由一定目的自觉产生的想象。例如，规划设计某一小区，在房子建好前，头脑中已有了这几栋房子和小区的形象规划效果图。有意想象又可分为再造想象、创造想象和幻想。幻想是创造想象的特殊形式，见表8—7。

表 8—7	有意想象的分类
再造想象	根据别人的语言、文字的描述或图片模型的描绘在大脑中产生新形象的心理过程。如老师讲故事，幼儿大脑中产生一系列的表象就是再造想象的过程
创造想象	根据一定的目的任务，在大脑中独立的创造新形象的过程。如幼儿喜爱的奥特曼一系列作品，就是文学艺术家对人物的塑造；科学家的创造发明等也都是创造想象
幻想	与个人愿望相联系，并指向未来事物的想象。它与一般的创造想象是不同的

3. 想象的特点

随着年龄的增长，知识经验的积累，特别是游戏活动的开展，婴幼儿的想象能力得到快速发展。它的特点主要体现在如下几个方面。

（1）无意想象为主，有意想象正在发展。幼儿想象的主题是不稳定、易变化的，常以想象的过程为满足，而不在乎想象的结果。幼儿初期的想象几乎没有主题和预定目的，常常是看到什么就想象什么，以当前的感知对象为转移。如幼儿在画画时，开始是乱画或声称要画电视机，最后画好以后看了看又说画的是太阳。到了幼儿中期，想象即使有主题也是很容易变化的，易受外界环境的影响。如在游戏里，一会儿是"娃娃家"的妈妈，一会儿是"医院"的护士，再过会儿又变成"大舞台"的舞蹈演员。看到别人玩什么，自己也跟着变换。到了幼儿晚期（六七岁），想象的过程比先前有更大的目的性、独立性和稳定性，而且有意想象开始渐渐萌芽。如幼儿开始能够续编故事。

（2）再造想象为主，创造想象开始发展。幼儿初期的想象主要依赖于成人的语言描述，是重现现实生活中的某些经验。如幼儿扮老师，其言行举止表情完全是对自己所在班级老师日常言行的模仿。幼儿中期，想象的创造成分开始萌芽。如幼儿画房子时，常常会在房子周围画上树、花、小鸟等。到了幼儿晚期，想象的创造性有更显著的发展。如幼儿会画自己乘坐宇宙飞船到太空去旅游等。

（3）想象容易与现实混淆。婴幼儿常把想象当成现实。比如，看到别人的爸爸是警察，就想象自己的爸爸也是警察抓坏人；见到别人有一把会自动发火的枪，就臆想自己也有一把，而且还玩过。这些不是幼儿有意说谎，而是本年龄幼儿不能把想象的事实和现实的事物区分开来的缘故。

（4）想象具有特殊的夸大性。喜欢夸张，也是幼儿想象的一个突出特点。

保育员要努力增加婴幼儿生活实践的机会，丰富婴幼儿生活经验，参与指导婴幼儿的游戏活动，促进语言的表达，以发展幼儿的想象力。

五、婴幼儿注意的发展

1. 注意的概念

注意是人在心理活动时对一定对象的指向和集中。所谓指向就是使心理活动在每一瞬间有选择地反映一定的事物；所谓集中就是使被选定的事物在人脑中获得最清晰、最完善的反映。如婴幼儿专心听老师讲故事，仔细看图片的画等。这里"专心""仔细"就是注意现象。

人的一切知识、经验、技能技巧的获得都离不开注意。但它不是独立的心理过程，而是各心理过程都有的共同特性，它伴随并保证着心理活动的正常进行。

2. 注意的分类和品质

注意可以分为无意注意和有意注意，见表8—8。

表8—8　　　　　　　　　　　注意的分类

无意注意	事先没有预定目的，也不需要意志努力的注意 如：突然出现的事物、鲜艳的色彩等都能引起婴幼儿的无意注意
有意注意	有预定目的，而且需要意志努力才能实现的注意 如：智力游戏"什么东西不见了"

注意的品质主要是指注意的稳定性、注意的范围、注意的分配和注意的转移。

(1) 注意的稳定性。是指注意较长时间保持在某种事物或某种活动上。例如，上课时，大家必须较长时间地集中注意于听讲、记笔记、看书等活动上。时间越长，说明注意的稳定性越好。婴幼儿注意的稳定性不太强，特别是有意注意保持时间较短。

(2) 注意的范围。指同一时间内能同样清楚把握对象的数量。一般来说，较熟悉的东西，在同一时间内与不太熟悉的东西一起产生注意，其前者注意的范围就比后者注意的范围要大。婴幼儿注意范围比成人小。

(3) 注意的分配。是指人们在同时进行两种或两种以上活动时，能够把注意指向不同的对象。如边看乐谱边弹琴；边唱边跳。婴幼儿注意分配的能力较差。

(4) 注意的转移。是指根据任务及时地把注意从一个对象转换到另一对象上。如幼儿绘画后转移到在操场上做操，有些幼儿注意力转不过来，仍在绘画上。注意的转移和注意的分散是不同的，虽然它们都是改换注意对象，但前者是有目的地改换注意对象，而后者是一种不良的品质。

3. 婴幼儿注意发展的特点

(1) 无意注意占优势。1岁以内婴儿的注意基本为无意注意，多是由于物体本身的特点引起的；1岁以后随着独立行走和活动能力的增加，注意的范围扩大了，开始能注意周围成人的言行；2岁以后幼儿注意的时间延长了，注意的范围更大了，内容更广泛了；3岁以后随着幼儿活动范围的扩大和求知欲的提高，周围环境中的许多事物都能引起幼儿的注意，事物的新颖性和趣味性对吸引幼儿无意注意起着重要作用，无意注意达到高度发展。

(2) 有意注意在逐步形成和发展。婴幼儿虽然无意注意高度发展，但3岁以后有意注意开始逐步形成和发展，产生短时间的有意注意。如按照老师的要求，完成一幅画或弹奏一首钢琴曲等。

(3) 游戏活动是培养婴幼儿有意注意的良好手段。在游戏活动中，幼儿要完成一定的活动任务，这些任务是具体、明确、幼儿可理解的，而且游戏本身也是婴幼儿最喜欢的活动形式，因此，在游戏中幼儿能较好地保持有意注意。

六、婴幼儿情感的发展

1. 情感的概念

情感是人对客观事物的态度和内心体验。在日常活动中，由于每个人的具体需要不同，就会产生不同的态度，从而产生愉悦、厌恶、恐惧、悲哀、惊奇和愤怒等内心体验，这种心理过程就是情感，也可以说是人对客观事物是否符合需要而产生的主观体验，是人对客观事物的一种特殊的反映形式。

2. 情感的分类

人的情感是复杂的，在不同的情境下，会有不同的深度和持久性。

（1）基本状态。主要有心境、激情和热情等。心境是一种微弱、持久，并具有渲染性的情感状态，也就是人们平常所说的心情，如心灰意冷、苦闷和心情舒畅等。激情是一种短暂、猛烈、暴发式的情感状态，如狂欢、愤怒、恐怖等。热情是一种强有力的、稳固而深厚的情感状态，如对孩子强烈的爱。

（2）高级的社会情感。主要有道德感、理智感和美感等。道德感是在掌握一定道德标准的基础上产生的，是因人的行为、举止、思想等是否符合一定道德标准而产生的情感，如看到别人从楼上窗口向下扔东西而生气。理智感与人的求知欲、兴趣、渴求解决问题等情感相联系，是人在智力活动过程中产生的情感，如在学习中遇到的困难问题解决了，感到非常愉快。美感是人们在评价客观事物是否符合审美标准时产生的情感，大自然的景物（如鲜艳的花朵、秀丽的河山等）、优秀的艺术品（如音乐、舞蹈、书画等）都可以使人产生美感。

3. 婴幼儿情感发展的特点

（1）情感不稳定，有明显的易变性，即情感容易受外界刺激的影响。例如，幼儿刚入托幼园所时看到别的孩子哭，自己也会跟着哭，看到别人笑也会不知原因地跟着笑。

（2）情感产生强烈的依恋性。婴儿在与所抚养的亲人，特别是自己的母亲分离时往往产生强烈的情绪反应或分离焦虑。幼儿新入园所时哭吵厉害，就是这种情感反映。

（3）情绪情感容易冲动。婴幼儿会由于某一事物的影响而听不进成人的话，在短时间内不能平静，情绪常常处于激动状态，不容易控制自己。例如，玩具被别人拿去，或得不到想要的玩具时会大哭大闹，对成人进行的劝慰根本听不进去。

（4）情感外露，控制能力差。婴幼儿的情感大多表露在外，不会掩饰和控制自己。例如，当某人惹他时，他会叫喊"某某某最坏"，甚至动手打他一下等。

（5）高级的社会情感初步发展。婴幼儿喜欢表扬、鼓励，不喜欢批评，是道德感基本形成的表现；好问、求知欲强，是理智感初步发展的表现；喜欢鲜艳的色彩，喜欢听音乐，是美感发展的表现。

保育员要注意保持婴幼儿愉快的情绪，做出表率，以带给他们潜移默化的影响，细心观察他们的情感表现,并注意不同婴幼儿的情绪反应。

七、婴幼儿意志的发展

1. 意志的概念

意志是人根据预定目的去行动,并自觉克服困难,实现目的的心理过程。例如,幼儿钢琴考级,成人英语四、六级考,就是意志过程的表现。

2. 意志的品质

意志的品质主要包括自觉性、果断性、坚持性和自制力,见表8—9。

表8—9　　　　　　　　　　意志的品质

自觉性	自觉确定自己的明确行动目的,并按目标进行调整和控制自己的行动。它贯穿于意志行动的始终,是产生坚强意志的源泉 如:保育员为了更好地工作报考高级保育员,并付诸行动
果断性	善于辨明是非,适时做出或改变决定,并执行决定 如:为了出国深造,决定每周1~2天参加全天英语强化训练
坚持性	克服困难,坚持达到目的 如:为了钢琴考级,天天练习,直至达到预定的目标
自制力	在意志行动中善于控制自己的情绪,约束自己的言行

3. 婴幼儿意志发展的特点

(1) 新生儿没有意志。

(2) 婴儿期产生了一些随意行动。如用手去摸玩具,学会走路,摔倒后忍痛不哭等,出现了意志行动的萌芽。

(3) 婴幼儿意志行动差。表现在不能较长时间地控制自己,带有很大的不稳定性。如:要求幼儿去取物,但幼儿半途被别的孩子所进行的活动吸引,忘了自己原来的任务,跟着去参加活动。

(4) 婴幼儿意志行动动机(目的)由具体的、狭隘的动机向较远的、广阔的社会性动机过渡。如从为了得到玩具逐渐过渡为想成为大家喜欢的好孩子,它一般是由眼前的直接需要而引起的。

(5) 幼儿意志行动过程中的自觉性、自制力逐步发展提高。例如,当幼儿在游戏中扮演警察时,能较长时间坚持不动。

(6) 婴幼儿意志的目的性、坚持性、自制力等都只是初步的表现与发展。

总之,保育员要帮助幼儿确定目的,鼓励幼儿坚持到底,并以身作则,发挥榜样作用,培养幼儿意志。

八、婴幼儿心理过程发展的一般规律

1. 从无意性向有意性发展

婴幼儿的一些心理过程(记忆、想象、注意)和动作等都分为无意性和有意性两种。

婴儿基本上全是无意性心理过程，到3～4岁时，仍以无意性为主，到5～6岁时，有意性行为开始明显发展。当然，幼儿的有意性行为水平仍较低，不能对其估计过高，不能与成人相比。

2. 从具体向抽象的方向发展

幼儿的思维等心理过程随着语言的发展，逐渐从具体形象思维向抽象逻辑思维发展，认识能力也随之提高。

3. 从个别的、零散的认识向整体的、系统的方向发展

2～3岁幼儿的认识仍以单个的、具体的事物为主，到5岁时，对事物的认识已整体化、系统化了。如角色游戏的分工就是认识系统化的表现。

总之，保教人员要注意随时培养幼儿的有意性，用具体生动、色彩鲜艳的教玩具和语言行动来提高幼儿的兴趣，发展他们的观察力、记忆力等。同时，要随时注意发展幼儿的语言，进行必要的语言训练、对话等，还可以通过各种活动来全面促进婴幼儿心理过程的发展。

思 考 题

1. 什么是人的心理？人的心理现象包括哪些内容？
2. 影响婴幼儿心理发展的因素有哪些？
3. 婴幼儿心理过程发展的一般规律是什么？保育员为什么要学习心理学？
4. 什么是感知觉、记忆、思维、想象、注意、情绪、情感和意志？
5. 婴幼儿心理发展中感知觉、记忆、思维、想象、注意的种类有哪些？
6. 婴幼儿心理发展中感知觉、记忆、思维、想象、注意、情感、意志的特点有哪些？

第九单元 婴幼儿生活活动中的保育

第一节 生活活动保育概述

一、生活活动的重要性

1. 科学合理的生活活动是促进婴幼儿健康的主要因素

对于婴幼儿来说，新鲜的空气、合理的膳食、安全的设施、卫生的环境等，都是保证婴幼儿身体健康的重要的物质条件。托儿所、幼儿园是婴幼儿最早加入的集体教育机构。托幼机构中的安全管理、生活管理、疾病预防，以及保育员的教育行为等，都会对婴幼儿的身心健康成长产生重要的影响。而生活活动就是通过对婴幼儿的日常生活，如饮食、睡眠、盥洗、排便等各方面的保育，促进婴幼儿健康成长。为幼儿提供合理、平衡的膳食，保证婴幼儿有充足的睡眠，运用各种方法指导，帮助婴幼儿接受和逐步形成良好的生活方式，养成良好的卫生习惯，使他们吃得好、睡得好、玩得好，这不仅有益于婴幼儿的健康成长，而且将对其一生的健康产生重要的影响。

托幼园所的生活活动是根据婴幼儿不同年龄阶段的生理、心理发展的特点和需要而精心设计安排的，婴幼儿生活活动安排必须是科学的、合理的。

（1）婴幼儿生理特点与生活保育

1）消化系统。婴儿乳牙的特点是牙釉质薄，牙本质软脆，牙髓腔大，容易患龋齿。

出牙前，应给乳儿提供一些烤馒头片、面包干之类较硬的食物，让乳儿用手拿着自己啃，以刺激牙床，促进牙齿萌出。断奶以后，应给乳儿添加一些耐嚼的食物，如菜末等。要尽量避免婴幼儿用牙咬坚果、玩具等硬物，防止乳牙损伤，诱发龋齿。

婴幼儿的口腔小，口腔黏膜柔嫩，容易受到损伤和感染。保育员应为婴幼儿提供适合他们口腔大小的小勺子，要培养婴幼儿养成细嚼慢咽，小口吃饭的习惯。婴幼儿的口腔要注意清洁，可以采用喝水、漱口等方法来清洁口腔。

婴幼儿胃的容量小，胃黏膜薄、嫩，胃的蠕动能力差，所以消化能力差。因此，婴幼儿的饮食要定量，要根据不同年龄来安排相应的需要量。为婴幼儿提供的食物必须营养丰富，品种多样，并且容易消化。油炸的食品、过硬的食品都不宜给婴幼儿吃。

2）神经系统。婴幼儿时期高级神经活动的抑制过程不够完善，兴奋过程强于抑制过程。婴幼儿容易活跃起来，不容易平静下去。表现为好动不好静，注意力不容易集中，容易随着新鲜刺激而转移。婴幼儿大脑神经细胞比较脆弱，虽然容易兴奋，但也容易疲劳。所以，要保证婴幼儿充足的睡眠时间，使大脑皮层的疲劳得到缓解，在组织婴幼儿生活活动时要做到动静交替，组织活动与自由活动交替。

婴幼儿神经系统的发育与合理的营养有密切的关系，为了促进脑细胞的快速发育，必须不断从食物中摄取大量能构成脑神经组织的物质，因此，必须向婴幼儿提供丰富的食物，保证从食物中摄取足够的热能和优质的蛋白质。足够的钙、铁、磷、碘、锌等矿物质和微量元素，以及维生素和水，才能满足婴幼儿生理发展的需要。

3）泌尿系统。婴幼儿膀胱肌肉层薄，弹性组织发育尚未健全，储尿机能差，故排尿次数较多。由于大脑皮层发育不完善，神经系统对排尿的约束能力差，所以，不能主动控制排尿过程。这种情况年龄越小，表现越突出。保育员在组织婴幼儿集体活动前和睡眠前，要提醒婴幼儿排尿，特别不要遗漏那些贪玩的孩子。注意不要过于频繁地让婴幼儿排尿，但也不可让婴幼儿长时间地憋尿，避免膀胱过分充盈，失去收缩能力，发生排尿困难或感染。

婴幼儿尿道短，黏膜薄嫩，又与外界相通，容易受到感染。一旦感染后，细菌可以经尿道上行到膀胱，再到肾脏，引起膀胱炎和肾盂肾炎。保育员要教育婴幼儿不要坐在地上；1岁以后要穿满裆裤；每晚睡前要给婴幼儿清洗外阴，女孩清洗外阴部，男孩要洗包皮污垢；保育员要教会婴幼儿正确擦屁股的方法，即要从前面往后面擦，以免粪便中的细菌污染尿道。平时每天要让婴幼儿喝充足的水，使体内的废物及时随尿液排出，同时，通过排尿也起到清洁尿道的作用。

4）皮肤。婴幼儿的皮肤表皮较薄，皮肤娇嫩，保护机能差，容易受到感染和损伤。保育员在日常生活中要培养婴儿良好的盥洗习惯。给婴幼儿穿的内衣要柔软，以纯棉织品为好；给婴幼儿用的洗涤用品应无毒、无刺激。要加强对婴幼儿进行安全教育，预防意外事故的发生。

婴幼儿皮肤的皮下脂肪少，保温作用差。保育员要根据婴幼儿活动的情况和气温的变化，及时为婴幼儿增减衣服；要坚持每天户外活动和锻炼，充分利用空气、阳光、水让婴幼儿进行锻炼，增强婴幼儿对冷热变化的适应能力，提高婴幼儿的身体素质。

（2）婴幼儿心理特点与生活保育。婴幼儿从出生之日起，就产生需要，这些需要必须依靠成人才能满足。婴幼儿的需要可分为两大类：一类是生理的需要，另一类是心理的需要。婴幼儿的需要是否能够得到满足，对其身体与心理的健康发展有重要意义。婴幼儿的生理需要主要包括食物、睡眠、衣着、排泄、清洁、安全等，这些内容大多与生活活动有关。只有在这些生理需要得到满足后，婴幼儿才会显得宁静、放松，表现出愉快的情绪。这些生理需要如果不能满足，不但会妨碍婴幼儿的生长发育和身体健康，而且还会影响其心理的健康发展。保育员在满足婴幼儿基本生理需要的同时，还应该满足婴幼儿的心理需要，如在生活活动中满足婴幼儿的安全需要、爱的需要、交往的需要和活动的需要等。例如，在断奶时，为了帮助婴儿逐渐减少对母乳的过分依恋，为断奶做好准备，当婴儿出生4个月以后，保育员就应该逐渐开始给婴儿添加辅助食品，使婴儿知道除了母乳之外，还有许多好吃的东西，以激发婴儿对其他食品的兴趣，并使婴儿逐渐喜欢吃这些食物，这是为断奶做好生理和心理准备非常重要的一步。当婴儿手部动作能力有了一定的发展以后，成人可以给婴儿一些手拿食品吃，如手指饼干、小馒头片等，这样，通过逐步培养婴儿的咀嚼能力和吞咽能力，使婴儿对其他食物感兴趣，减少母乳喂养次数，最终达到断奶的目的。保育员还应该满足婴幼儿的独立性的需要。

随着婴幼儿学会行走，能比较灵活地用双手操作，初步学会语言，他们显得更加活泼、好动，有惊人的好奇心。尤其喜欢自己动手做事，什么都想自己来干。例如，他们总是想自己用勺来吃饭，自己穿、脱衣服，自己洗手等。保育员应该认识到婴幼儿在这个年龄阶段的这种需要和愿望，尽力去满足他们，帮助他们，鼓励和培养他们，使婴幼儿能从中体验到成功，他们的行为就会变得更加积极。反之，如果保育员觉得婴幼儿做事太慢，做得不好，认为是添麻烦，于是就采用包办代替，甚至制止婴幼儿的活动，或责怪婴幼儿，这样会使婴幼儿对自己的能力产生怀疑，对事物失去信心，逐渐放弃尝试和努力，从而影响他们参与学习和活动的兴趣，并且影响其独立性、自主性和各方面的发展。保教人员还要帮助婴幼儿做好从家庭生活到托儿所、幼儿园集体生活的过渡。

从入托入园的第一天起，婴幼儿的整个生活就发生了巨大的变化，婴幼儿离开了自己熟悉的环境和亲人，来到了一个陌生的环境，要和陌生的人在一起生活，要适应新的生活规则，这是婴幼儿人生中一个重大转折。婴幼儿能否顺利地度过这一转折期，会对其身体和心理健康产生重要的影响。幼儿园、托儿所应安排照顾好婴幼儿的生活和活动，为婴幼儿营造一种轻松、愉快的生活与活动气氛，使婴幼儿能感受到保教人员对他们的关心和爱护。家长要积极鼓励婴幼儿入托入园的行为，努力帮助婴幼儿逐渐消除入托的不安与焦虑情绪。只有通过家长的密切配合，家园双方共同关心婴幼儿身体和心理的状况，共同帮助婴幼儿调整焦虑不安的情绪反应，共同帮助婴幼儿适应新环境，才能使婴幼儿比较顺利地度过这个重要的转折期。

由此可见，1岁以内婴儿的生活活动几乎全靠保育员完成；1~2岁小儿可以配合保育员进行生活活动；2岁以上的婴幼儿才可以逐步培养他们的生活能力，保育员要在旁边照顾、帮助。保育员只有遵循婴幼儿生长发育的规律，才能使自己的工作收到事半功倍的效果。

2. 生活活动贯穿着保育和教育的双重任务

(1) 理论依据——《幼儿园工作规程》。经国务院批准，由国家教委颁布的《幼儿园工作规程》第三条指出："幼儿园的任务是实行教育和保育相结合的原则，对幼儿实施体、智、德、美诸方面全面发展的教育，促进其身心和谐发展。"

在幼儿园的工作中，保育和教育是两个不可分割的部分，保育工作贯穿于幼儿全部教育活动中，也就是说，在幼儿园一日生活的各项活动中事事处处都有保育，所有的活动都应体现出保育和教育相结合的原则。幼儿保育的第一任务是要保证幼儿正常的生长发育和身体的健康。生活活动的保育就是对婴幼儿每天所必需的衣、食、住、行各方面进行科学的养育，促进他们正常发育，健康成长。同时，生活是幼儿学习的第一课堂，在这一大课堂里，内容丰富多彩，保育员通过创设各种环境，采用各种方法，帮助、指导婴幼儿，使他们获得初步的，包括饮食、饮水、睡眠、盥洗、排便等各方面必要的生活能力和良好的生活习惯，为他们今后的学习、生活、工作奠定良好的基础。所以说，生活活动贯穿着保育和教育的双重任务。

(2) 培养生活自理能力，增强独立性和自信心。生活活动是幼儿一日活动中的一个重要组成部分。托幼机构组织婴幼儿开展有目的、有计划的生活活动，有益于幼儿增进生活自理能力，更快地适应周围的环境。婴幼儿从家庭进入托幼机构，首先面临的是如何来适应集体生活，特别是进餐、午睡、入厕等生活自理的问题，对他们来说是一种挑战。

同时，这个年龄阶段的婴幼儿的手眼协调能力正在迅速发展之中，生活自理活动充满了精细动作的尝试和练习，比如，教幼儿用小勺，吃饭时身体靠近饭桌，一手扶碗一手拿勺，手捏勺柄，舀起一勺送入口。让幼儿学做力所能及的事，不仅能帮助他们形成自我服务的能力，还能使他们在自我服务的过程中发展动作，体验成功，从而增强幼儿的独立性和自信心。

(3) 从小养成良好的生活方式，有益于婴幼儿一生的健康生活。良好的生活方式有益于人的健康，而不良的生活方式则有损于人的健康。例如，为幼儿提供合理、平衡的膳食，是保证幼儿机体正常发育的重要条件，但如果幼儿长期挑食、偏食而不去纠正他，则会造成体内某些营养素过多或缺乏，从而导致生长发育迟缓或发生疾病，影响健康。

幼儿正处于逐渐形成自己的生活方式的阶段，因此，帮助幼儿接受和逐步形成良好的生活方式，例如，生活有规律，积极参加体育活动，具有良好的生活习惯和卫生习惯，懂得爱惜自己等，不仅有益于幼儿的健康成长，还将对其一生的健康产生重要的影响。

二、生活活动的主要内容及保育任务

1. 生活活动的主要内容

婴幼儿在托儿所、幼儿园的一日生活大致可分为10个环节，即来园、晨检、户外活动、学习活动、游戏、排便、穿衣盥洗、饮食、睡眠、离园。

保育员要根据婴幼儿的生理、心理特点，遵循婴幼儿生长发育的规律，确定工作的重点，才能使自己的工作收到事半功倍的效果。比如，晨检工作主要由保健员负责，但保育员也要了解婴幼儿在家睡眠、大小便等情况，要与保健员取得联系，弄清楚哪些婴幼儿需要特别照顾，哪些婴幼儿需要服药。保育员在婴幼儿来园前首先要做好环境卫生、室内通风、检查安全及其他各项准备工作，接待婴幼儿及其家长时要热情、态度和蔼、亲切、有礼，使婴幼儿愿意来园，家长放心离开。离园时保育员要做好与家长的联系工作，交代婴幼儿的在园情况，交还衣服、药物等物品。要培养幼儿离园前收拾好玩具、放好桌椅、与小朋友和老师有礼貌地道别。还要组织晚接的婴幼儿活动，避免婴幼儿情绪不稳定，并写好交接班记录。等幼儿离园后，保育员要做好清洁、整理、消毒工作，并关好门窗，检查水、电、煤气，做好安全工作。排便、穿衣、盥洗、饮食、睡眠是生活活动中保育的主要内容，保育员应对婴幼儿每天的进餐、睡眠、穿衣、盥洗、排泄等生活环节给予精心的照顾和科学的养育。

2. 生活活动中的保育任务

（1）睡眠中的保育任务

1）根据婴幼儿的年龄安排合理的睡眠次数。一般来说，年龄越小，需要睡眠的次数越多。

2）保证婴幼儿睡好、睡足。保育员通过创造安静的睡眠环境，用和蔼的态度、亲切的语言、轻柔的动作，精心护理婴幼儿睡眠，保证婴幼儿睡好、睡足。

3）婴幼儿良好的睡眠习惯及有关能力。保育员应引导幼儿不用被蒙头，培养幼儿侧卧式睡姿，使全身肌肉放松，呼吸和血液循环畅通，全身得到充分的休息。同时，要培养婴幼儿自己穿、脱衣和鞋袜的能力，使幼儿较快入睡，避免着凉。

（2）进餐中的保育任务

1）让婴幼儿愉快地吃完自己的一份食物。提供色、香、味齐全的饭菜，创造安静、愉快、和谐的进餐环境，使婴幼儿情绪轻松，食欲旺盛，保证婴幼儿愉快地吃完自己的一份食物。

2）培养幼儿良好的饮食习惯。保育员应培养婴幼儿饭前洗手，饭后漱口，不挑食，细嚼慢咽，不撒饭，不敲碗筷，咀嚼不出声等良好的饮食习惯和文明进餐行为。

3）逐步培养小儿的进餐能力。保育员应逐步引导婴幼儿学会自己吃饭，如培养4~5个月的婴儿接受小勺喂食；6~8个月的婴儿用手拿饼干吃；10个月的婴儿可培养扶杯子喝水；1岁半的幼儿开始学习左手扶碗，右手拿勺自己吃饭；要求2.5~3岁的幼儿独立进餐，并能正确使用餐具，吃饭时身体靠近桌子，两脚放平，左手扶好碗，右手拿匙或筷子，咽下一口再吃一口。

（3）排便的保育任务

1) 鼓励和引导婴幼儿自己排尿、排便，培养婴幼儿从听音排便，用声音或语言表示大小便，逐步过渡到自己坐盆大小便，并对婴幼儿成功地排尿、排便给予表扬和鼓励。

2) 培养婴幼儿养成及时排尿、排便的习惯，不憋尿，不憋大便。

3) 培养婴幼儿养成良好的排泄习惯。培养婴幼儿便后冲厕所和洗手的习惯，培养婴幼儿专心排便和便后用卫生纸擦拭的能力和习惯。

（4）盥洗的保育任务

1) 培养婴幼儿良好的盥洗习惯。保育员要培养幼儿勤洗手的习惯；每天洗脸、洗脚、洗屁股的习惯；经常洗手、洗澡、换衣的习惯；勤剪指（趾）甲；男孩勤理发的习惯。

2) 培养婴幼儿做力所能及的事，饭后漱口、早晚刷牙的习惯。1岁以内的婴儿由保育员抱着给他洗手；1岁到1岁半的幼儿可坐在椅子上由保育员给他洗手；1岁半以后，幼儿可站着配合保育员洗手；2岁以后的幼儿学着自己洗手；培养2岁以后的幼儿逐步学会自己洗手，饭后自己洗脸，并且教会他们正确的盥洗方法。

3) 婴幼儿从9个月起就可以培养其积极参与穿衣的意识，如穿衣时教他伸出手。随着婴幼儿年龄的增长，逐步培养婴幼儿穿、脱衣裤，穿鞋袜，扣纽扣，系鞋带等各种能力。

第二节　生活活动中的保育

一、睡眠中的保育

1. 睡眠中保育的内容和要求

婴幼儿神经系统发育尚未完善，兴奋大于抑制，容易疲劳。睡眠是大脑皮质的抑制过程，对神经系统起保护作用。睡眠时机体的新陈代谢缓慢，能量消耗减少，有利于各种重要脏器功能的恢复。体内生长激素分泌增加，全身组织特别是骨骼生长加速。因此，充足和深沉的睡眠能消除疲劳，弥补身体的损耗，促使婴幼儿食欲旺盛，情绪愉快。对促进婴幼儿生长发育，增进身体健康有重要的意义。

（1）根据年龄合理安排睡眠时间与次数。一般来说，年龄越小，需要睡眠的时间就越长，次数越多。如2~6个月的婴儿，白天睡眠3~4次，时间4~5 h，夜间睡眠9~10 h，合计14~16 h；3~6岁的幼儿白天睡眠1次，时间2~2.5 h，夜间睡眠9~10 h，合计11~12 h。

（2）创造适宜的睡眠环境。为了提高婴幼儿睡眠的质量，需要为婴幼儿创设一个安静、舒适、温馨、卫生的睡眠环境。要保证婴幼儿在睡眠时周边环境安静、无噪声，睡前可组织婴幼儿进行一些安静的活动，如散步。卧室要开窗通风，确保空气新鲜，但要避免对流风；拉上窗帘，使室内光线柔和；床位舒适，不拥挤；被褥清洁，并根据季节和气候的变化及时更换；保育员态度要和蔼，语言要亲切，动作要轻柔。

（3）睡眠护理工作中的常规保育

1）做好睡前准备工作。主要包括创造睡前环境和铺床的工作。

①睡前环境要整洁、舒适、安静。

②铺床。有卧室的，每天早上要开窗通风，小床上的被子、小枕头、床单应铺放整齐；卧室与活动室、饭厅合用的，必须先扫净地上的垃圾后，用半干的拖把拖净地面，待地板干后再铺床。铺的被褥不要拥挤，一张大席睡5名婴幼儿为宜，被角不拖在地板上，安排床位时要头脚交叉睡。

2）有秩序地组织婴幼儿入睡和起床。做到脱一个睡一个，起床时起一个穿一个。

3）睡眠时窗户"两开两关"。"两开"是睡前开窗通风，睡后打开气窗，要避免对流风；"两关"是睡前脱衣时要关窗，起床穿衣时也要关窗。

4）做好巡回检查。婴幼儿入睡后，保育员不能擅自离开，要加强巡视，每隔15 min巡回观察一次，首要任务是检查婴幼儿是否有异常情况发生，特别注意不能让婴幼儿蒙头睡，以免呼吸不畅引起窒息；要检查婴幼儿的被子是否盖好，踢掉的要及时盖上；检查婴幼儿睡姿是否正确，有无蒙头睡觉，双手是否压在胸口。若发现以上情况应及时纠正，有出汗的要及时给予擦干。

5）要帮助、指导幼儿穿、脱衣服及整理床铺。

6）起床时加强午检。要注意观察婴幼儿的神态、情绪，并用手摸摸婴幼儿的额头，试试体温是否正常。

7）待婴幼儿全部穿好衣服后整理被褥。

（4）睡眠护理工作中的特殊保育

1）尿床儿的护理。睡眠护理工作中对尿床儿的护理主要包括以下几点：

①保育员要及时给尿床儿用温水洗净臀部，换上干净的衣裤、被褥，安抚婴幼儿继续入睡，不可训斥或辱骂婴幼儿。

②要及时提醒尿床儿小便，保育员要注意观察尿床儿遗尿前的表现，及时唤醒婴幼儿起床排尿，注意声音要轻柔，以免影响周围婴幼儿的睡眠，同时保护尿床儿的自尊心。

③要针对尿床的原因处理。对有遗尿病的婴幼儿要及时治疗；对因睡前喝水、喝汤多而造成尿床的婴幼儿，以后在睡前要少喝水和汤；对因为害怕造成尿床的婴幼儿，保育员应想办法找出婴幼儿害怕的原因。

总之，对尿床儿要认真分析原因，正确处理问题。

2）体弱儿的护理。应照顾体弱儿第一个睡，最后一个起床。床位要安排在避风处和保育员容易照顾到的地方，睡眠时要及时为体弱儿盖好被踢掉的被子，头部、颈部的汗要及时擦掉，容易出汗的婴幼儿睡前背心上要垫上毛巾，并及时换去汗湿的毛巾。

3）惊哭儿的护理。当婴幼儿突然惊哭时，保育员要立即赶到他的身边，轻轻地拍拍他，抚摸他，用轻柔的语言安慰他，使他慢慢平静下来继续睡。保育员应了解婴幼儿惊哭的原因,并分别处理。有时,婴幼儿哭是因为身体不适,保育员要细心观察,为其测体温,如体温高,要及时报告保健老师或送医院处理;有时,婴幼儿哭是因为要大小便,但胆子小不敢说。

2. 睡眠中的注意事项

(1) 1岁以内的婴儿应按吃、玩、睡的顺序来安排生活。吃饱奶的婴儿情绪很好,保育员可让他多玩一会,吸引他看看鲜艳的玩具,抓抓会发出响声的玩具,逗他发出声音,等婴儿玩够了,想睡了,睡起来就容易些。不要让婴儿吃完奶马上就睡,或者一边吃奶一边睡,这样婴儿吃不好,自然也玩不好、睡不好。

(2) 正确处理婴幼儿睡眠中的特殊习惯。有的婴幼儿在入睡时有嗅被角、嗅毛巾、吸吮手指或将家里的毛绒玩具抱在怀里陪睡的习惯。保育员对这种情况不必过分紧张,这种习惯随着婴幼儿年龄的增长会慢慢消退。但如果他们的行为影响健康或有安全检查隐患时,保育员应妥善处理,如天气很热,婴幼儿仍把毛绒玩具捂在脖子处睡觉,保育员可等他睡着后,把玩具拿掉放在枕边,以免婴幼儿出汗太多。对于年龄较大的婴幼儿,保育员可引导他们逐渐放弃这种习惯。

二、进餐中的保育

1. 进餐中保育的内容及要求

食物营养是婴幼儿生长发育的物质基础,婴幼儿生长迅速,新陈代谢旺盛,必须供给充分的热量、蛋白质、维生素等各种营养素,才能保证其生长发育的需要。同时,婴幼儿消化能力弱,胃容量小,需要合理进餐,以保证营养素的摄入。保育员在组织婴幼儿进餐时必须掌握以下要求。

(1) 掌握进餐的原则。进餐的原则是定时、定点、定量。

1) 进餐要定时。让幼儿每天在固定的时间进餐,这样,幼儿食欲好,吃下去的食物也容易消化吸收。婴幼儿两餐间隔时间一般为 4 h 左右,由于混合性食物在胃中排空时间需 4~5 h,当食物排空时,胃的蠕动加强,消化液分泌增多,人就会产生饥饿感,无固定时间进食,会影响食物的消化吸收,胃功能也会受到影响。

2) 进餐要定点。婴幼儿进餐要有固定的地方,集中精力吃完每餐饭菜,进餐时千万不能边吃边玩,边吃边看电视或图书,这样既不卫生,又会分散注意力,影响婴幼儿对食物的消化和吸收。

3) 进餐要定量。要根据婴幼儿的不同年龄安排相应的需要量,一日三餐营养的量要充足,质要全面,食品要丰富多样。早餐吃饱,午餐吃好,晚餐吃少。早餐以主食为主,副食为次,米面搭配,干稀搭配,甜咸搭配;午餐主、副食并重,一荤一素一个汤,菜的质量要高,荤素搭配,动物蛋白和植物蛋白搭配,绿叶蔬菜和黄叶蔬菜搭配;晚餐以主食为主,配上荤素炒菜和汤,晚餐不宜吃得太饱。

在幼儿一日三餐中,早餐是最主要的一餐,它关系到幼儿上午活动的能量,也关系到幼儿一日的饥饱。早餐除了给幼儿喝牛奶、吃鸡蛋外,应再加馒头或面包,使早餐营养平衡，有利于幼儿正常的生长发育。

(2) 进餐前的准备工作

1) 进餐环境要整洁、舒适。要创造一个安静、愉快、和谐的进餐环境。餐厅要保持清洁、明亮，餐桌、餐椅高低适中，餐具大小适中，摆放整齐，进餐环境要安静有序，可适当播放一些轻松悠扬、优美动听的音乐，更加烘托出进餐的气氛，使婴幼儿心情愉快、情绪轻松，促进消化液的分泌，有利于提高婴幼儿的食欲，从而愉快地吃完自己的一份食物。

2) 餐前 20 min 消毒饭桌。具体操作的方法是，先用清水、抹布按从左到右、从上到下的顺序擦去桌面及四周边沿的浮灰、污垢，然后把抹布浸在 0.2% 过氧乙酸消毒液（或用 250 mg/L 有效氯消毒液）中，取出拧成半干半湿状，由桌面开始从上到下、从左到右（不要有遗漏）抹擦消毒，再按以上顺序消毒桌子四周边沿，并保持 20 min，最后把消毒抹布拧干，将桌面及四周边沿擦干。

3) 分发餐具饭菜。保育员在分发餐具饭菜前应先洗净双手，并注意饭菜要保温保洁，盛饭、菜、汤的容器都要加盖并盖严，冬天盛器外要用棉套套好以保温。桌面干后开始按幼儿的年龄分发餐具，如小班的幼儿发勺子，中、大班的幼儿发筷子。按照公平对待、少盛多添的原则，将饭菜分别盛在碗和盆子中，先盛饭菜，吃完后再盛汤，不可将汤盛入饭中，让幼儿吃汤泡饭。在整个操作过程中应注意保育员的手不能接触幼儿的食物。

(3) 进餐护理的特殊保育

1) 挑食儿的护理。进餐安排座位时让挑食儿和不挑食的幼儿坐在一起，让挑食儿有个好的榜样，遇到他不爱吃的菜，先介绍这个菜有营养，很好吃，让他看旁边的小朋友吃得多香啊，然后要求他先尝一点试一试，吃了就及时表扬，鼓励他再吃一点，慢慢地逐步增加，有了进步更要表扬他。平时通过各种形式有针对性地介绍各种食品的知识，告诉他每种食品都有营养，吃下去对身体有好处，引导他吃各种食品，逐步养成不挑食的习惯。

2) 体弱儿的护理。体弱儿一般食欲都比较差，吃东西不香，胃口也比较小，不能吃完自己的一份饭菜，吃饭的速度也比较慢，常常吃到最后一个。所以，护理体弱儿进餐要先安排他吃饭，饭菜都要减少一点，多添几次，可以让他坐在食欲好的小朋友身边，激发他的食欲。保育员应用亲切的语言鼓励他多吃一点，并适当地喂几口，帮他吃完自己的一份。对吃完自己一份的体弱儿要及时表扬，使他们有一种成就感，下一次进餐会有更大的进步。

3) 肥胖儿的护理。帮助肥胖儿控制饮食，要让他多吃蔬菜和粗纤维的食物，如青菜、芹菜、萝卜等，少吃高脂肪的食品，如油炸食品、肥肉等，少吃高糖食品，如巧克力、冰淇淋、含糖饮料等。要引导肥胖儿养成细嚼慢咽的习惯，并控制其饮食量。

4) 组织餐后漱口。餐后保育员要提醒婴幼儿漱口，漱口可用凉开水或清水，漱的时间要长些，要示范给他们看，用力鼓腮，让水把粘在牙表面上的残留物冲洗掉，可重复几次。

5) 餐后的清洁卫生工作。保育员要等幼儿全部吃完后，才能进行打扫工作。先用混有洗洁精的温水擦去油腻，再用清水擦净桌面。要先扫地，再拖地。

2. 进餐中的注意事项

在进餐过程中保育员应注意不要催促婴幼儿进餐，不要引导他们争第一，要求幼儿做到细嚼慢咽，咽下最后一口饭菜后才能离开饭桌。喂幼儿时，每口的量少点，等咽下去后再喂一口，速度不宜太快；幼儿哭的时候不能喂，以防呛着幼儿；不要在进餐时批评婴幼儿和处理问题；饭前不喂开水，以免冲淡胃液，影响食物的消化与吸收。

3. 饮水的准备及照顾婴幼儿饮水

保育员每天早晨要清洗茶桶，倒掉前一天用剩的水，由内到外清洁茶桶，再放入开水，晃动茶桶，打开水龙头，让开水冲洗出水口，并定期消毒。要根据婴幼儿的活动量、气候的变化、饮食等情况，准备足量的温度适宜的饮用水。通常气温越高，活动量越大，婴幼儿出汗就越多，对水的需求量就越多；幼儿在饮食中摄入的蛋白质、无机盐较多，排泄这些物质时需要的水就较多。

对于年龄小的婴幼儿，保育员应该将水倒好，放在他们面前，让他们一口口的喝下；对于年龄较大的婴幼儿，自己会去拿杯子接水，再回到坐位上，安静地喝水，喝完后会将杯子放回原处。保育员要培养婴幼儿良好的饮水习惯，要按时提醒他们喝水，每次尽可能地让他们喝足，还应帮助他们学会口渴了就主动去喝水的习惯。并要提醒他们注意喝水的速度，不能太快，喝时不要说笑，以免呛咳。

三、盥洗中的保育

婴幼儿对疾病的抵抗能力很弱，易感染各种传染病，培养婴幼儿从小爱清洁、讲卫生，不仅有益于其身体健康，还可以提高幼儿的生活自理能力。

1. 盥洗中保育的内容及要求

（1）洗手的准备工作及指导洗手的顺序

1) 准备工作。准备好消毒毛巾（一人一巾）、流动水（冬季要准备温水）、肥皂。盥洗室要通风，水池前铺上防滑垫，防止婴幼儿滑倒。婴幼儿洗手以后要及时拖干地面，保持干燥。

2) 指导婴幼儿用正确的方法洗手。引导他们卷起袖子，先淋湿手再擦肥皂，手心、手背、手指缝都要搓，搓出肥皂沫，用流动水冲洗干净，在水池内甩几下，然后用消毒巾擦干手。

（2）洗脸的准备工作及指导洗脸的顺序

1) 准备工作。准备好消毒毛巾（一人一巾），冬季要注意保暖，备好护肤品。婴幼儿如有鼻涕应先用纸巾擦干净。

2) 指导婴幼儿用正确的方法洗脸。引导婴幼儿先洗眼（从内眼角到外眼角），接着洗额头和两颊，然后洗下巴和嘴，最后洗鼻子，翻一下毛巾再擦耳。冬天婴幼儿洗完脸后应提醒他们抹点面霜，保护好脸部肌肤。

(3) 洗澡的准备工作及指导洗澡的顺序

1) 准备工作。浴室地面必须采取防滑措施，铺上防滑垫，防止跌倒。准备好消毒毛巾、肥皂和替换的衣服。

2) 用正确的方法洗澡。洗澡的顺序是：颈—胸—腹—后背—两臂—两腿—臀部—两脚，按这样的顺序冲洗，最后用毛巾擦干全身，立即穿好衣裤，防止着凉。

2. 盥洗中的注意事项

(1) 为防止幼儿烫伤，淋浴时先放冷水后放热水，调节好水温并用手试温，洗时手不离水源，关水时先关热水，后关冷水。

(2) 盥洗室内铺橡胶防滑垫，保持盥洗室地面干燥，以免幼儿滑倒。

(3) 冬季注意保暖，关窗关门，及时穿衣。夏季注意不在风口盥洗，淋浴后不开电扇，防止着凉。

(4) 为婴幼儿穿脱衣服时动作要轻柔，以免弄伤婴幼儿。

(5) 洗手时，要求幼儿将衣袖上卷，双手略向下，避免水流入袖内，弄湿衣袖。

四、排便中的保育

婴幼儿生活在当今的文明社会中，必须从小养成良好的文明习惯（如不随地大小便等）。刚入园的婴幼儿常会因为对环境的陌生而排泄失调，从而导致饮食失调，代谢遭到破坏，以至其他系统的功能紊乱，影响婴幼儿的健康。为此，保育员要培养他们学会控制自己的大小便，并养成定时大小便的习惯，懂得大小便要去厕所，以及养成一切与排便有关的文明习惯。

1. 排便中保育的内容及要求

(1) 从婴儿3~4个月起，保育员在婴儿大小便时用"嘘嘘""嗯嗯"的声音及一定的姿势进行刺激，让婴儿对大小便形成一定的条件反射。7~8个月的婴儿可让其坐在特制的便椅上大小便。培养2岁以后幼儿控制大小便，主动用语言来表示大小便。

要了解婴幼儿排便情况及规律。保育员应及时向家长了解婴幼儿在家里排便的情况，并掌握他们的排便规律，以便对他们进行系统的指导和帮助。

(2) 厕所、便器的清洁与消毒。要保持厕所内清洁、干燥、无异味、无污垢。婴幼儿便后要及时冲洗便池和便器，并消毒，小便器一天要消毒两次（中午和离园），大便器用一次消毒一次，浸泡时间为 30 min，并且注意将便器浸没在消毒液中（发生传染病时例外）。

(3) 排便护理。保育员应注意观察婴幼儿排便前的迹象，应用和蔼的态度、温和的言语及时提醒他们排便，并准备好手纸。大年龄的婴幼儿要教会他们使用手纸从前往后擦；小年龄的婴幼儿要帮助他们使用手纸。要求他们专心排便，不说话，不玩玩具，排便时间不超过 10 min，坐盆时间 5 min 左右。婴幼儿排便时，保育员应在旁边照顾和帮助，不可擅自离开。便后要提醒幼儿穿好裤子，对年龄较小的幼儿应帮助其穿好裤子。冬天要注意腿、膝盖、腰部、腹部的保暖。

(4) 观察并及时发现婴幼儿大小便的异常情况。婴幼儿大小便时，保育员要在旁边照顾、帮助，并观察其有无异常大小便。从量、形状、颜色和气味等几方面观察大便正常与否。如黏冻状的脓血便可能是痢疾；糊状有酸臭味的大便可能是消化不良；一天排便3次以上的稀水状大便可能是急性胃肠炎。从量、次数、颜色、透明度和气味来观察小便正常与否。如尿频、尿急和尿痛现象可能是尿路感染；颜色是红茶色的小便要密切注意是否是甲型肝炎。保育员平时如发现婴幼儿大小便有异常，应留样送检，并及时报告保健老师来处理，便器必须按规定消毒。

2. 排便的注意事项

(1) 应避免婴幼儿在排便过程中吃东西或玩耍，这样会分散他们的注意力，不利于排便反射的建立，坐盆时间过长容易引起脱肛现象，不利于婴幼儿的健康。

(2) 如发现婴幼儿有欲排尿、排便的迹象，要及时指导其排泄，并对其成功的排泄行为给予表扬和鼓励，以增强其自信心。对偶尔不小心将尿或粪便排在裤子或床上的婴幼儿应给予理解，不可指责他们，要用亲切、和蔼的态度和言语来消除他们的恐惧感，并稳定他们独立排泄的信心。

(3) 3岁以内的婴幼儿不宜用蹲式的厕所。

思 考 题

1. 简述婴幼儿生理、心理特点与生活保育的关系。
2. 为什么说生活活动中贯穿着保育和教育的双重任务？
3. 幼儿一日生活内容与生活活动内容有什么区别？
4. 简述生活活动中的各项保育任务。
5. 幼儿进餐中的保育工作有哪些？
6. 简述幼儿洗手、洗脸、洗澡的正确顺序。
7. 保育员在幼儿入厕时的保育工作有哪些？
8. 对睡眠中的惊哭儿、尿床儿、体弱儿的保育措施有哪些？

第十单元 婴幼儿游戏、学习、运动中的保育

幼儿园（托儿所）是对学前婴幼儿实施保育和教育的机构，因此，幼儿园（托儿所）的保育员在实施各项保育活动中，应树立保育和教育相结合的观念，尊重婴幼儿身心发展的特点和规律，严格执行幼儿园安全、卫生保健制度，既要做好婴幼儿生活活动中的保育工作，也要做好婴幼儿在游戏、学习、运动中的保育工作。同时，能积极配合、协助教师组织学习、游戏、运动活动，这有利于开发婴幼儿的潜能，促进婴幼儿健康茁壮成长。

第一节 婴幼儿学习活动中的保育

婴幼儿的学习活动主要指讨论、阅读、听赏、制作、表演、实地参观、收集信息等活动，旨在激发婴幼儿主动探索，积极体验，使婴幼儿在认知能力和态度上不断进步，为其后续学习打下基础。

在学习活动中，保育员要充分发挥应有的作用，不仅要主动做好安全、卫生和保育工作，也要积极配合教师做好协助和辅导工作。

一、学习活动中的安全工作

学习活动中的安全工作是十分重要的，保育员要为婴幼儿提供安全的学习活动环境，创造安全、愉悦的心理氛围，保证婴幼儿学习活动的开展。

1. 为婴幼儿创造安全、愉快的心理氛围

创造"家庭式"的保育氛围，与婴幼儿平等相处，让婴幼儿在轻松、愉快的集体中与同伴共同学习。保育员对每一个婴幼儿应具亲切、关怀的态度，说话和蔼可亲，表情自然大方，动作轻柔温顺，让婴幼儿感到老师（阿姨）就像妈妈一样，幼儿园就像自己的家一样。这样，就会使婴幼儿从对父母（亲人）的依恋逐渐转移到对老师（阿姨）的喜欢上来；从对家庭的依恋逐渐转移到对幼儿园（托儿所）的喜欢上来，使婴幼儿能高高兴兴地上幼儿园（托儿所），并建立安全感和自信心。

保育员要尊重和了解每一个儿童。保育员可以根据教师的要求，配合、协助和参与学习活动，以角色的身份、游戏的口吻、平等的态度关注照顾每个婴幼儿，利用各种机会与婴幼儿个别交谈，积极鼓励引导婴幼儿大胆表现，及时地表扬赞赏。婴幼儿经常受到积极评价会产生满足感、愉悦感和自豪感，良好的情绪情感会使他们更积极地参与各项学习活动。

2. 为婴幼儿提供安全的物质条件

（1）场地。学习活动场地必须符合幼儿年龄特点和安全、卫生的保育要求。

1）美术活动室。采光要好，光线要柔和，尽量利用自然光，同时，要注意太阳光不要直射桌面。室内布置应艺术化、儿童化，让婴幼儿产生审美情趣。美术用品摆放整齐、安全，且易取、易放。购买圆头剪刀、无毒颜料和蜡笔等材料供幼儿使用。

2）音乐活动室。通风，避免噪声，场地宽敞，便于婴幼儿开展音乐活动。

3）语言、常识等学习活动室。供婴幼儿操作实验的用品应安全、牢固，放置在便于婴幼儿操作拿取的地方。挂图高低符合婴幼儿视觉高度。

4）游戏室。宽敞、明亮，便于婴幼儿开展不同内容的游戏活动，橱柜轻便、美观，便于婴幼儿使用。

（2）玩具和教具。玩具是婴幼儿最喜欢的东西，是开展游戏学习的物质基础；教具是教学过程中可供辅助教学活动的用具。婴幼儿通过玩具、教具，认识事物，丰富知识，开展各项活动，对婴幼儿各方面发展有重要的作用。

在选择教玩具时要注意它的教育性和保育性；要注意符合年龄特点，有利于培养婴幼儿的各种能力；要注意教玩具形象的美观，色彩协调，要使用轻便，经济实用；更要注意应符合卫生和安全的要求，便于洗晒、消毒。

凡是带有木刺、锋利的边缘、尖角的玩具易伤害婴幼儿，不能给婴幼儿玩；上了油漆的泥娃娃、带毛的小动物、易碎的玻璃玩具也不宜给婴幼儿玩弄；还有一些玩具，如喇叭、口琴等易传染疾病的玩具也不宜作为幼儿园集体性玩具。在使用现代化电器设备时，要注意电源远离婴幼儿，电插座开关设置在婴幼儿够不着的地方，电器放置要牢固、安全，并有专人负责。

3. 加强婴幼儿自我保护意识

在为婴幼儿提供安全的学习环境的同时，也要有步骤地对婴幼儿进行自我保护能力的培养和教育。

（1）禁止玩火。在学习活动中让婴幼儿知道玩火的危险，配合教师通过讲故事和看录像，教育婴幼儿不能玩火。

（2）禁止玩电。配合教师让婴幼儿知道电的用途及使用不当的危害，教育婴幼儿正确使用开关，不要去玩电源、电插座等。

（3）正确使用玩具物品。配合教师引导婴幼儿正确使用玩具、物品的方法，不要将异物放入口、鼻、耳等器官中。玩毕，保育员指导婴幼儿收拾玩具，玩具放置要固定、合理，如大积木放在玩具柜的底层，形象的玩具放在上面，各种色彩、大小、形象的玩具要相互交叉放置。

二、学习活动中的卫生工作

学习活动中的卫生工作是与卫生保健要求密切相关的。例如，在美工和阅读活动中，都必须注意用眼卫生；使用蜡笔、水彩等文具用品后要立即洗手。保育员要了解与掌握学习活动中的卫生常识，主动做好学习活动中的卫生保育工作。

1. 阅读卫生

遵守阅读卫生，不仅可以增加阅读兴趣，预防疲劳的发生，还可以保护视力，预防近视。阅读时应引导婴幼儿注意以下问题。

（1）书本与眼保持 30~35 cm 的距离。

（2）阅读时坐姿要端正，不要养成躺着看书的习惯，不要在乘车和走路时看书。

（3）保证婴幼儿在阅读时有足够的光线。教育婴幼儿不要在太阳光直射下看书。

（4）阅读时桌椅高低要适合婴幼儿身高，阅读环境卫生，空气新鲜，减少或消除噪声干扰。

2. 绘画和书写的卫生

（1）书写绘画时，除大脑皮质、视觉分析器和维持姿势的肌肉群参加活动外，还有腕关节和指关节肌肉活动。由于婴幼儿手部肌肉发育尚未完善，腕骨骨化尚未完成，所以，书写绘画的时间不宜过长。

（2）注意正确的握笔姿势：笔杆和纸应成 60°角，拿笔时食指较大拇指低些，前臂平放在桌上，光线从左方射下，太阳光不要直射桌面。

3. 唱歌卫生

（1）保护声带。选择音域适合儿童特点的歌曲，节奏和拍子不宜太复杂。

（2）轻松愉快地歌唱。歌唱的速度不宜过快，唱歌地点必须空气新鲜，温度不宜太低，避免在户外唱歌，也不宜在烈日下唱歌。

4. 学具和教具的卫生

（1）铅笔、蜡笔、绘画颜料、橡皮泥等不含有毒物质。

（2）各种文具用品使用时避免产生外伤危险。

（3）培养婴幼儿使用文具的卫生习惯，不将笔放在嘴里，用完后洗手。

(4) 选择文字、插图清晰明白的书籍；书籍纸张、色彩应有利于幼儿阅读；注意消毒，每周在太阳下暴晒1～2次。

三、保育员在学习活动中的作用

1. 按学习活动的需要做好准备

在学习活动前，保育员要为教师做好学习前的准备工作，首先是学习环境的准备，注意活动室的通风、整洁、宽敞、明亮，按要求摆放好桌椅；其次要按照各项学习活动的内容或教师的要求准备好教具与学具。

（1）美术活动前的准备工作。一是环境创设。要注意采光，光线来自左前上方（不折射，不挡住视线）；光线柔和，雨天和阴天要开日光灯；要注意桌椅高低适合幼儿身高，桌椅的摆放要面向黑板和老师。二是材料的准备。要根据美术活动的不同形式准备好不同的材料，准备的材料和物品要齐全，要与婴幼儿人数相符，或多于婴幼儿人数，以备需要时使用。

（2）音乐活动前的准备工作。一是环境创设。音乐室要通风、清洁、宽敞，根据音乐活动的内容或教师的要求安排座位，可以是马蹄形、半圆形或圆形，也可以是纵对形的。二是根据活动需要准备相应的物品，如录音机、磁带、各种小乐器、头饰及各种辅助材料。

2. 观察婴幼儿身体、情绪、活动的情况

在学习活动过程中保育员要注意观察，随时发现婴幼儿在活动中的需要，适时地处理活动过程中的一些问题，但是，一定要注意不妨碍学习活动的开展。如个别婴幼儿需要小便，悄悄带领其上厕所；个别婴幼儿情绪不愉快，尽快处理不影响别人；个别婴幼儿需要纸、笔等应及时满足。

3. 按教师的要求对婴幼儿进行帮助、鼓励

在学习活动过程中，保育员要按教师的要求参与活动，配合和协助教师完成学习活动。如个别婴幼儿在阅读时有困难的，保育员可以和婴幼儿一起阅读；要配合教师注意婴幼儿正确的坐姿和握笔的姿势；个别婴幼儿绘画时不敢大胆入笔的，可以悄悄用语言、眼神或表情给予鼓励。

4. 操作技能训练

【实习课题一】美术活动的物品准备

（1）准备的美工物品与教学内容相符且齐全。

1）绘画活动。绘画纸或纸张、蜡笔、水彩笔、铅笔、颜料半干湿的抹布、剪刀、橡皮、胶水等。

2）纸工活动。各种颜色的手工纸、剪刀、笔、双面胶、小纸篓、抹布等。

3）泥工活动。各种颜色的彩泥、泥工板、泥工刀、剪刀和辅助品，如牙签等。

（2）准备的物品与婴幼儿人数相符或多于婴幼儿人数，以备孩子需要时选用。

【实习课题二】音乐活动的物品准备

根据音乐活动需要以及教师的要求准备相应的物品。如钢琴、录音机、磁带、头饰、挂图等；各种辅助材料，如纱巾、绸带、纸花等；各种小乐器，如小铃、小鼓、小钹、小木鱼、小摇鼓、响板、沙球、小手风琴、小钢琴等。

第二节　婴幼儿运动中的保育

运动主要是指体操、器械活动、自然因素锻炼等活动，旨在提高婴幼儿身体素质和动作协调的能力，对环境的适应能力，以及增强其对疾病的抵抗能力，为婴幼儿健康的身体奠定基础。

保育员在婴幼儿运动时要协助和配合教师工作，要注意婴幼儿动作发展的规律，也要注意生理机能变化的规律，更要关注在运动中的安全、卫生和保育工作。

一、运动中的安全工作

1. 活动场地

活动场地应平坦、宽敞、干燥，最好是松紧适度的泥草地。婴幼儿在水泥地活动时要提醒其避免擦伤、跌伤。

2. 婴幼儿服装

婴幼儿在运动时，必须穿松紧适度的运动鞋、球鞋，以免脚部扭伤、意外跌伤。婴幼儿服装需要透气性好，能吸湿，避免穿紧身不透气的服装，堵塞婴幼儿扩张的汗孔，引起皮肤不良反应，最好穿宽松的运动装。冷天穿一件棉马甲，这样，婴幼儿在运动时既安全又运动自如。

3. 体育活动设备、器具

（1）适合婴幼儿年龄特点。幼儿园各种体育活动设备和运动器具要适合不同年龄特点，注意安全，防止外伤。

（2）定期检查。运动设备、器具安装要牢固，表面光滑，没有尖角，每周检查一次，发现损坏停止使用，及时修理，以防意外，确保婴幼儿安全。

4. 婴幼儿自我保护意识的培养

随着年龄的增长，婴幼儿在运动中的保育从被动保育向主动保育发展，因此，要逐步培养婴幼儿的自我保护能力，掌握一些自我保护方法。例如，要逐步培养婴幼儿热了脱衣，冷了穿衣，累了休息，渴了喝水，出汗要擦，腹部保暖等自我保护的能力。同时，要加强婴幼儿自我保护意识，在运动中不小心将要跌倒时，不要以手撑地，应用肩先着地，防止手臂撑地而造成骨折；要教育婴幼儿不可在运动中开玩笑，如推撞别的小朋友，以免造成伤害事故。

保育员还要将简单的外伤处置方法介绍给中大班幼儿，如鼻出血时用手捏住鼻翼1～

2 min，嘴张开；擦伤时不要用手去揉等。加强幼儿自我保护意识的培养，会大大降低意外事故的发生率。

二、运动中的卫生工作

1. 运动的目的

幼儿园（托儿所）要重视婴幼儿的运动活动，主要目的是增强婴幼儿体质，提高婴幼儿健康水平，同时，要将运动活动与卫生工作相结合，并使卫生工作逐步科学化，切实提高婴幼儿健康水平。

2. 婴幼儿运动负荷特点

根据婴幼儿年龄特点，婴幼儿生理负荷应以中等强度的有氧练习为主，训练中"强度小些，密度大些，时间较短，强调节奏"比较符合婴幼儿生理特点。在户外活动中，要让婴幼儿有较多的时间处于有效的锻炼范围内，心率保持在120～170次/min。体育活动负荷曲线，原则上应尽量符合人体生理机能活动变化规律，即心率逐渐上升至最高水平，然后稳定一段的时间，再逐渐下降至原来水平或接近原来水平。幼儿体育活动负荷参考见表10—1。

表10—1　　　　　　　　幼儿体育活动负荷参考

项　　目	指　　标			
年级与年龄段	托班（2～3岁）	小班（3～4岁）	中班（4～5岁）	大班（5～6岁）
活动时间（min）	5～15	15～20	18～25	20～30
活动平均心率（次/min）	130～160			
运动密度（%）	30～60			

3. 活动量与婴幼儿反应状态

婴幼儿进行一定的运动后，会引起全身各器官机能的变化。运动量与婴幼儿反应强度一般成正比，保育员可以用观察的方法来掌握。要正确处理强度和密度的关系，运动密度较大时，强度应稍小些；运动密度较小时，强度可大些。对强度小的项目，如平衡木，应与强度大的项目组合。对小班幼儿尽可能安排运动密度大、强度小的练习项目，以利于锻炼身体，促进心血管系统的健全发育和技能的不断完善。运动量与婴幼儿生理反应观察见表10—2。

婴幼儿运动时要既面向全体儿童，又注意个别儿童，对体弱多病的婴幼儿、运动能力差的婴幼儿、完成水平低的婴幼儿，可以适当降低动作要求，增加其练习量。同时，要合理选择和搭配好运动的方法和内容，注意趣味性、多样性、针对性和实用性。要掌握量力而行的原则，实事求是，不操之过急，避免伤害身体的事故发生，达到改善体质、降低发病率的效果。

表 10—2　　　　　　　　　运动量与婴幼儿生理反应观察一览表

时间	外显指标	生理反应		
		轻度疲劳	中度疲劳	重度疲劳
活动进行中	面部色泽	稍红	相当红	十分疲劳或苍白
	排汗情况	不多	较多	大量出汗
	呼吸情况	中速较快	显著加快	呼吸急促、节奏紊乱
	动作反应	协调、准确、步态轻稳	协调、准确和速度降低	动作失调、步态不稳、用力颤抖
	注意力及反应	注意力集中、反应正常	能集中注意力但不够稳定、反应力减弱	注意力分散、反应迟钝
	运动情绪	愉快	略有倦意	精神疲乏
活动后	饮食情况	良好、食量增加	食欲一般、食量降低	食欲降低、食量减少、恶心、呕吐
	睡眠质量	入睡快、睡眠良好	入睡较慢、睡眠一般	很难入睡、睡眠不安
	精神状况	精神爽快、情绪好	精神略有不振、情绪一般	精神恍惚、厌倦练习

三、运动中的保育工作

1. 运动前的准备

婴幼儿在运动前，保育员先要检查场地的安全情况，如场地要平坦、防滑、无积水，打扫干净，不乱堆杂物，要捡去枯枝败叶或碎石等杂物。再检查运动器械有无损坏，如滑梯是否有开裂、发毛等情况，并能擦干净运动器械的表面。同时，备好运动器具和玩具，如皮球、绳子、飞镖、沙袋等，事先检查皮球是否有气、是否打足气等。然后准备好干毛巾、茶水和茶杯。最后提醒婴幼儿大小便。协助教师帮助婴幼儿脱去外套，将内衣束于裤内，裤脚不拖地，系好鞋带等。

2. 运动中的保育

在婴幼儿运动的过程中，保育员要加强生活护理，及时提醒和帮助婴幼儿增减衣服，擦去脸上和颈部的汗水，需要喝水时提醒喝点水；要关注活动中婴幼儿的安全和场地周围环境的安全，提醒婴幼儿不玩危险的物品，不做危险的动作，不打闹，不吵架，不狂奔乱跑等。要观察婴幼儿在运动中的活动量，随时注意活动量与密度，观察婴幼儿精神、情绪、面色、出汗量。如发现婴幼儿出汗较多，精神略有疲倦，气喘吁吁，要提醒婴幼儿休息或减少活动量，提醒或帮助婴幼儿用干毛巾擦汗。对个别身体不适的婴幼儿及体弱儿、肥胖儿更要注意掌握活动时间，及时提醒休息，特别加强护理和照顾，如运动前在背上垫干毛巾，运动后抽去干毛巾，使衣服不湿。

3. 运动结束后的收整

运动结束时要收拾好玩具，归类摆放；要将生活用品也放回原处；要提醒帮助婴幼儿将衣服带回教室，穿上外衣，确保婴幼儿不受凉。并协助教师做好婴幼儿的清洁整理工作，如洗手、擦脸、休息、喝水等。

四、运动中的注意事项

1. 遵循婴幼儿动作发展的规律，发展基本动作。婴幼儿动作发展各年龄虽有其特点，但他们之间是有衔接的，后发展的动作是以先发展的动作为基础的。保育员要在教师的指导下，关注婴幼儿动作发展，既要发展该年龄应达到的动作，又要注意巩固前一阶段的动作。

2. 运动前要做好准备工作，保障婴幼儿的安全。运动前检查场地、运动器械的安全，准备充足的运动器具和玩具，以及检查婴幼儿的衣裤、鞋带等。

3. 加强生活保育工作。运动前提醒婴幼儿大小便，准备干毛巾、茶水和茶杯；运动中要提醒和帮助婴幼儿增减衣服，擦汗喝水；运动结束后协助教师做好婴幼儿的洗手、擦脸、喝水、穿衣等工作。

4. 关注体弱儿、肥胖儿、不好动或运动能力差的婴幼儿的运动，做好个别婴幼儿的照顾和指导工作。

5. 积极参与婴幼儿的运动，在运动中既是婴幼儿的伙伴，又是教师的好助手。

6. 配合和协助教师观察婴幼儿在运动中的活动量，以情绪愉快、出微汗为宜。同时，要关注婴幼儿活动中的安全。

第三节　婴幼儿游戏活动中的保育

游戏活动主要指婴幼儿自发、自主、自由的活动。游戏活动对婴幼儿发展有重要的作用，游戏活动能发展婴幼儿的想象力、创造力和交往合作能力，促进婴幼儿情感、个性健康的发展。

孩子生来好动，游戏能够满足孩子的这种天性，因此，游戏是孩子最喜欢的活动形式，是孩子的第二生命。3岁前婴幼儿的游戏有其自身的特点，婴儿期游戏以感知、摆弄玩具为主要形式，如5~6个月的婴儿喜欢摸摸身边的东西，喜欢摇铃；1岁左右的婴幼儿喜欢用棒敲东西，喜欢把玩具放进倒出；会走的幼儿可发展大动作，如对走走、跑跑、跳跳的游戏最感兴趣，是这一阶段的主要游戏；2岁以后，幼儿游戏的形式逐步发展到模仿成人生活和劳动中的一些简单动作，游戏很简单，没有事先的目的和计划，也没有较完整的情节，以孩子单独游戏为主，逐步过渡到和小朋友共同游戏。这一阶段孩子游戏能力较差，需保育员的参与与指导，游戏才能较好地进行下去。

幼儿期，游戏是幼儿自发、自主地与空间、材料、玩伴相互作用的情景活动，所以，游戏环境就成为影响幼儿游戏行为最直接的因素之一。幼儿园是幼儿游戏的主要场所，幼儿的游戏水平、幼儿在游戏中的发展也就直接取决于教师和保育员为其创设的游戏环境，因此，创设一个有利于开发幼儿多种能力、有利于支持幼儿与之互动的游戏环境，是幼儿园教育和保育的重要工作。

保育员要了解婴幼儿游戏的作用、游戏的种类和玩具的种类，要积极主动地为婴幼儿游戏活动创设环境，并参与自制玩教具。同时，也要配合教师关注婴幼儿在游戏中的态度、能力和个性发展。

一、游戏的作用

1. 促进生长发育，增进身体健康

孩子在游戏中走走、跑跑、跳跳，发展动作，锻炼肌肉和骨骼，促进血液循环，增强呼吸系统的功能，增强体质。

2. 满足婴幼儿的情感，活跃婴幼儿的情绪

婴幼儿的情感，无论是积极的，还是消极的，都需要得到发泄。游戏为他们提供了安全、妥当地表达自己情感的途径。如孩子在抱娃娃的时候，就充分地表现了母亲对她的爱。孩子在游戏中欢天喜地、情绪高昂，这是其他活动所不能比拟的。

3. 发展语言和智力

游戏中有丰富的游戏材料，有玩耍的同伴，有教师支持和引导，有保育员的参与和照顾，这一切为婴幼儿提供说说、讲讲的机会，从而发展了语言能力。在游戏中，婴幼儿对各种事物都爱摸一摸、看一看、听一听、说一说、想一想、试一试，从而锻炼了各种感觉器官的功能，使其不断完善，发展了观察力、注意力、记忆力、想象力和思维能力。

4. 对个性的形成有良好的影响

游戏为婴幼儿提供了大量表现自己的机会，可让婴幼儿依靠自己的力量去克服困难，让他们感到自己的力量，建立信心，如胆小的孩子能在游戏中逐渐自信起来。游戏还能帮助孩子体验成人对劳动的正确态度，体验成人的思想感情，学习成人良好的行为习惯。为了达到游戏的目的，需要克服一定的困难，遵守一定的规则，这一切有利于培养婴幼儿勤劳、认真、勇敢等良好的个性。

5. 发展小朋友之间的相互关系

游戏具有集体性的特性，小朋友之间需互相协商，共同合作，这提高了孩子在集体中与人相处的能力，为将来适应社会做好准备。

6. 在欣赏美的过程中发展美感

游戏要涉及各种色彩鲜艳、形象完美的玩具，形态各异的结构材料，悦耳的音乐旋律，生动的图画，这些都能使婴幼儿欣赏到艺术的美，受到美的熏陶，提高审美情趣。

鉴于游戏对婴幼儿的特殊重要作用，幼儿园（托儿所）一日生活中应该保证婴幼儿充分的游戏时间，并根据婴幼儿的不同年龄特点组织和指导婴幼儿游戏，以促进其身心健康发展。

二、游戏的种类

根据婴幼儿的年龄特点、生理和心理发展的规律，婴幼儿的游戏应从简单到复杂，可将游戏分为角色游戏、结构游戏、表演游戏、智力游戏、活动性游戏、娱乐性游戏、音乐

游戏，以及玩沙、玩水和玩雪的游戏。各类游戏活动可以通过设置不同的区域，让婴幼儿自主地选择。

1. 角色游戏

角色游戏是反映现实生活中的人和事件，婴幼儿根据自己模仿成人的生活和劳动后取得的经验和对事物的态度，创造性地反映生活，开展游戏，以发展婴幼儿思维和想象力为主，如"我喂娃娃吃奶""爸爸骑车上班""医生打针"等。

角色游戏需要一定的知识和生活经验。3岁前婴幼儿只是在摆弄实物，对某一角色或事物做简单动作的模仿；3岁后婴幼儿能够逐步创造性地反映现实生活，开展各种角色游戏，能完整地、有想象地模仿、再现生活中所见所闻。

2. 结构游戏

结构游戏是通过想象和操作，将一些无意义的材料变成有意义的结果的一种造型活动。结构游戏运用积木、胶粒、竹片、金属、木珠、橡皮泥、纸张、沙土等素材玩具，通过拼搭、接插、穿编、黏合、螺旋等技能，既能发展婴幼儿的小肌肉动作，又能满足婴幼儿积极好动的要求，产生愉快的情绪，在手脑并用中发展创造力和想象力，还有利于培养婴幼儿认真、耐心，爱动脑筋的好习惯。

3. 表演游戏

表演游戏反映文学作品的形象和事件，完全取决于幼儿对生活和对作品的体验和理解。这类游戏充分展现儿童的心理发展水平，是教师观察儿童、了解儿童的最好途径。例如，故事表演"小鸡和小鸭""三只羊""白雪公主和七个小矮人"等。

4. 智力游戏

智力游戏是一种用脑力来进行的游戏活动。在进行这类游戏时必须开动脑筋，进行积极的思维活动，以智慧赢得一种心理上的满足。这是一种比较复杂的游戏，需要一定的发展水平，因此，它的产生较晚。这种游戏往往借助于感觉运动的表达，伴随着操作，依赖着实物和形象。智力游戏能丰富语言，发展注意力、观察力、想象力与思维能力。例如，"奇妙的口袋""什么东西不见了""小熊请客"等。

5. 活动性游戏

活动性游戏是一种以发展婴幼儿基本动作、以大肌肉的肢体运动为活动方式的游戏，是由走、跑、跳、钻爬、投掷、平衡、攀登等动作构成的身体运动，以动作的协调力、对肌肉的控制力、肢体的平衡力以及力度和耐力所带来的运动器官的快感为满足，能加强婴幼儿的活动能力，促进身体健康。例如，发展跳的动作游戏"小白兔吃青菜"，发展跑的动作游戏"插红旗"等。

6. 娱乐性游戏

娱乐性游戏是以引起婴幼儿欢乐情绪为主的游戏，特别适合于年龄小的孩子。对2个月的婴儿，保育员对他亲切地逗引，可以使婴儿发生"哦哦"的声音，或发出微笑；5～6个月的婴儿喜欢成人和他"藏猫猫"；10个月的婴儿会拉掉蒙在脸上的手绢；1岁左右的婴儿很喜欢看各种机动玩具。看幻灯、看木偶戏也是常见的娱乐性游戏，但应注意距离适当，使每个婴儿都能看得清楚，但距离又不能过近，时间不能过长，一般15 min左右。

7. 音乐游戏

音乐游戏是在音乐伴奏或歌曲伴唱下进行的游戏，能发展婴幼儿的听觉和对音乐的感受力，如"听音传物""小鸟进窝"等。2岁以内婴幼儿的音乐游戏非常简单，只是在音乐的伴奏下做简单的模仿动作，如"开火车""听音蹲下"；2岁以后音乐游戏逐渐复杂起来。

8. 玩沙、玩水、玩雪的游戏

玩沙、玩水、玩雪是利用自然条件进行的综合性游戏，为婴幼儿所喜爱。因此，要尽量创造条件让婴幼儿进行此类游戏。

（1）玩沙。玩沙是婴幼儿喜欢的活动，既可锻炼婴幼儿动手能力，又可发挥婴幼儿的创造力和想象力。一般2岁以后可以玩沙。

（2）玩水。玩水游戏一般在夏季进行，它既可以满足婴幼儿喜欢玩水的要求，又能让婴幼儿愉快凉爽，同时又能在玩水中知道水的用途。

（3）玩雪。玩雪能锻炼婴幼儿抵御寒冷的能力，强壮身体。要给孩子提供一些铲子、勺子等工具，和孩子一起玩雪，或堆个雪人让孩子欣赏。玩雪的时间一般控制在15 min以内为宜。回班前拍净身上的雪。

三、玩具的种类

根据玩具的不同功能，玩具大致可以分为以下几类：

1. 形象玩具

凡是表现某一种人或艺术形象的玩具叫做形象玩具，如各种娃娃、动物、交通工具、日常用品等。

娃娃是婴幼儿最喜欢的玩具之一，是婴幼儿生活中不可缺少的伙伴，它可以引起婴幼儿各种情感和想象。孩子可把自己想象成妈妈和娃娃交谈，喂娃娃吃饭；动物玩具，如猫、狗、鸡、鸭等，可帮助婴幼儿认识动物的特征；交通玩具，如汽车、火车、轮船等，可帮助婴幼儿认识运载工具的特征；日用品玩具，如小碗、小匙、锅、扫帚等，能帮助婴幼儿理解饮食工具特征，模仿成人的劳动。

2. 结构玩具

结构玩具是一种素材玩具，由一个个元件组成，婴幼儿可以按自己的意愿和想象进行构造、装拆、建筑、拼搭各式各样的物体。如各种积木、塑料拼版、插木、塑料胶粒，以及竹片、小积木棍棒等。结构玩具是具有多种玩法，又经济实惠的玩具。

3. 表演游戏用具

婴幼儿进行表演游戏时所用的头饰、纸花环、木偶、幕布、服装等。

4. 教学玩具

培养婴幼儿认识大小、区分颜色、分辨图形等功能的动脑筋玩具，称为教学玩具。如套娃娃、套碗、套盒、平面拼图、立体画册等。

5. 运动玩具

帮助婴幼儿发展基本动作的玩具称为运动玩具。其中大型的运动器械有爬桶、滑梯、荡船、转椅、平衡木、攀登架、摇船；小型的运动器械有脚踏车、手推车、拖车、摇马、皮球、塑料气球、乒乓球、套圈、小篮球架等。

6. 娱乐玩具

娱乐玩具能使婴幼儿感到轻松和快乐，如不倒翁、鸡吃米、熊猫吹泡泡、母鸡生蛋、木偶等。

7. 音乐玩具

音乐玩具能发展婴幼儿感知觉、小肌肉动作，增进婴幼儿对音乐的感受力，给婴幼儿带来欢乐的情绪，如小铃、小鼓、小钹、小木鱼、小摇鼓、小手风琴、小钢琴等。

8. 玩沙、玩水、玩雪玩具

如勺子、小桶、小铲、各种容器、木片、积木、小喷水壶、小瓶子、塑料小船、塑料动物、空心模子等。

四、游戏的注意事项

1. 保育员要有安全的意识，活动前要检查场地、玩具等是否安全卫生，活动时要注意保护婴幼儿，避免意外事故的发生。
2. 游戏的场地要宽敞，互不干扰。如音乐角旁不易设置阅读角。
3. 保育员要在教师的指导下观察、参与和照顾孩子的游戏，仔细做好保育护理工作。更要关注孩子的个体差异，包括能力差异、兴趣差异，做好个别指导和照顾。

五、保育员在游戏活动中的作用

1. 做好游戏前的准备。根据婴幼儿的年龄特点、游戏内容做好游戏前的准备，包括环境的准备、玩具与材料的准备。
2. 参与游戏。在教师的要求指导下参与婴幼儿的游戏，适时适宜地照顾孩子的活动，满足孩子在游戏中的各种需要，如补充玩具、材料，照顾孩子小便、喝水。
3. 收拾整理工作。游戏结束后收拾、整理玩具与材料，归类摆放好。
4. 自制玩具。会配合教师自制简单的玩具，可以因地制宜、就地取材，利用纸、线、布、盒、瓶、罐等废旧物品制作安全、卫生、坚固、有趣的自制教玩具。

思 考 题

1. 婴幼儿学习活动中的安全、卫生工作包括哪些内容？
2. 边讲述边模拟操作美术活动、音乐活动前的准备工作。
3. 婴幼儿运动中的安全工作要注意些什么？
4. 婴幼儿运动负荷的特点是什么？如何观察婴幼儿的活动量与其反应状态？
5. 婴幼儿运动中保育员的主要保育工作有哪些（运动前、中、后的保育工作）？

6. 运动中的注意事项有哪些?
7. 婴幼儿游戏的作用是什么?
8. 婴幼儿游戏的种类和玩具的种类有哪些?
9. 游戏中的注意事项有哪些?
10. 简述保育员在游戏中的作用。

第十一单元　托幼园所的设备、物品及保管

第一节　保管的范围与保育员的职责

一、设备、物品及保管的范围

1. 设备的定义

设备是指托幼园所婴幼儿在生活、游戏、学习、活动中所使用的,以及园所的教职工日常工作必需的用具及日用品。

2. 设备保管的范围

包括玩具、运动器械、桌椅、卧具、橱柜、盥洗用品、教室的电器用具、婴幼儿的衣物等。

3. 本班的物品

本班的物品是指本班婴幼儿的衣物、消费品及财产等。

二、保育员的职责

《幼儿园工作规程》第三十八条中规定,幼儿园保育员的主要职责之一:妥善保管幼儿衣物和本班设备、用具。本班设备用具的保管要求,见表11—1。

表 11—1　　　　　　　　本班设备用具的保管要求

设备用具	幼儿衣物	本班的财产	消费品
保管要求	管理好幼儿的衣物、被褥、床单、枕头、被套等物品。做到保管无误，清洁有序，定期更换	保管好固定财产（桌、椅、橱柜、电器用品、琴等），不损坏和丢失	日常生活用品如肥皂、手纸、洗洁精，以及水、电、煤都要节约使用

第二节　物品的清洁保管方法与要求

一、生活用具的清洁与保管

1. 卧具清洁保管的要求

卧具包括婴幼儿用的床、被套、床单、枕头、席子、棉被、棉褥等。

（1）被套、床单、枕套每月清洗 1～2 次，棉褥、棉被每两周要晒 1 次太阳，发现有脱线要及时缝合。

（2）夏季，小床上的席子每天先用温水用力擦拭一遍，定期用消毒液消毒，再用清水擦拭，晾干后才能使用，以免婴幼儿的皮肤受损。如果是婴幼儿集体使用的席子，必须每天擦拭、消毒。

（3）按季节气温的变化及时增减被褥和更换被单、席子。

（4）储藏室、柜子要经常通风，保持干燥、整洁。

（5）暂时不用的卧具，如棉被褥、枕芯、席子要全部清洗、消毒、日晒，晾干后再储藏，被褥、枕芯再次使用前需再经过日晒后方可使用，席子储藏后需清水擦拭、清毒、晾干后再使用。

2. 卫生用具的清洁与保管要求

常用的清洁卫生用具包括拖把、抹布、垃圾桶、扫帚。

（1）要在固定的地方按用途分开放置，并做好标记。

（2）抹布、拖把、扫帚按日常要求做到勤清洗、勤消毒，消毒后必须晾干。

（3）如有损坏应及时修补或报废。

（4）每天倒净垃圾桶，并经常冲洗。

（5）发生传染病要先消毒，后清洗。

3. 婴幼儿衣物的清洁与保管要求

（1）保管好本班的衣物，做到不丢失，不搞错，不开线，不掉扣。并做好标记，指导婴幼儿学会辨认自己的衣物。

（2）衣物要折叠整齐，摆放有序，并放在固定处。

(3) 活动后、离园时要提醒幼儿不要遗忘自己的物品及衣物。

二、玩具、运动器械的清洁与保管

1. 玩具的清洁与保管要求

(1) 玩具应归类，如结构玩具、棋类、球类、娃娃家，摆放整齐，保证幼儿易拿易放。

(2) 玩具应定期清洁和消毒，如图书可采用日晒来进行消毒，雨天可用紫外线照射；木制玩具可用消毒液擦拭；塑料玩具可先清洁，再浸泡消毒，之后冲洗干净，晾干；玩具柜每天都要擦拭。

(3) 定期检查玩具是否有损坏，对已损坏的应及时修补，无法修补的可立即报废。

(4) 暂时不使用的玩具应放在规定的玩具柜中。

2. 运动器械的清洁与保管要求

(1) 小型运动器械的保管要求。小型运动器械配置要注意安全、卫生，应按需要备足，人手一份，整理分类，摆放在固定地方以便于幼儿取放，如有破损应及时修补或报废。

(2) 大型运动器械的保管要求。器械要每天擦洗清洁，并定期消毒。大型运动器械配置要适合婴幼儿的年龄特点，设备要牢固、简单、安全，没有尖角和裂缝。放置必须安全、平稳、可靠，如器械之间、器械与墙壁或树木之间要有一定的距离，大型玩具必须放置在泥草地上，不应放置在水泥地上，否则会伤害幼儿。婴幼儿每次活动以前，要仔细检查器械的关键部位有无损坏，安装是否牢固。有条件的托幼园所最好有专人保管，如发现有损坏应及时报修，对无法修理的要立即搬离活动场地，以免对幼儿造成意外伤害。

思 考 题

1. 简述保育员的保管职责和保管范围。
2. 卧具和清洁卫生用具的清洁保管要求有哪些？
3. 简述玩具清洁保管的要求。
4. 怎样保管运动器械？

第十二单元 保育员专业技能技巧

第一节 音　乐

一、婴幼儿音乐活动

喜欢音乐可以说是孩子的天性，音乐活动是婴幼儿艺术生活的一部分，是美育的一种形式，是培养他们感受美和表现美的情趣的手段。

1. 意义

音乐是培养理智创造力的无与伦比的手段。欢乐的音乐活动能使婴幼儿积极愉快、活泼开朗；能培养他们对音乐的感受力、想象力、表现力和创造力；能使他们的内心得以陶冶和健康发展。

2. 教养任务

(1) 创设愉快的音乐环境，培养婴幼儿对音乐的兴趣，陶冶性情和品格。

(2) 培养对音乐的感受力、想象力、表现力和创造力。

(3) 教会一些粗浅的音乐知识和技能。

3. 形式、内容与要求

(1) 配乐。选择合适的音乐配以婴幼儿的生活、操节，包括生活配乐与体操配乐两种。

1) 生活配乐。根据托儿所、幼儿园的生活内容，选择合适的音乐在婴幼儿进餐、睡眠、活动、休息等时段播放，能使他们形成条件反射，养成良好的生活习惯。例如，在进餐时可播放"青菜萝卜"，睡觉时可播放"安睡歌"，活动时可播放"游戏舞"，休息时可播放"休息小曲"等，生活配乐宜固定，不要经常调换。

2) 体操配乐。通过配乐，让婴幼儿随着音乐的节奏做操，这能使他们情绪愉快，动作协调。例如，婴儿做操时播放婴儿保健操音乐；小儿做操时可播放竹竿操或模仿动作操的音乐；幼儿做操时即播放幼儿广播操音乐；还有下午播放的生活操音乐等。体操配乐是根据婴幼儿各年龄操节而定的，每天应定时播放。

(2) 音乐欣赏。选择适合婴幼儿年龄的歌曲、乐曲、律动、歌表演、舞蹈等，让他们听赏、观赏。音乐欣赏能发展婴幼儿的听觉，培养他们对音乐的兴趣和感受力，并养成安静欣赏的习惯。出生后的婴儿即可进行音乐听赏，1岁半以前可听赏生活配乐、体操配乐及简单的歌曲、乐曲；1岁半至3岁的幼儿可欣赏些新歌、律动，观赏些幼儿歌舞录像或表演等；3~6岁的幼儿除欣赏有一定难度的歌曲、乐曲、律动、歌表演外，还可欣赏舞蹈、器乐曲等。欣赏后保育员可对歌曲内容、音乐意境、动作内涵等对幼儿作简单讲解，帮助理解，并记忆作品的名称、内容，幼儿若有兴趣的，则可跟着学唱、学做，让他们表达一下对作品的感受，一般一个学期可欣赏2~3个作品。

(3) 音乐游戏。随着指定的音乐有规则地进行游戏，能培养婴幼儿的听觉、注意力、动作的灵敏及自觉遵守游戏规则的良好行为习惯。音乐游戏在婴儿期即可开始，2岁以内的音乐游戏非常简单，只是在音乐伴奏下，在简单的游戏规则制约下做些模仿动作；2岁以后音乐游戏的难度逐渐增加，并逐渐有了一定的情节，规则也随之增多。在幼儿学习音乐游戏前，保育员要先形象地让他们感受与掌握游戏中的音乐、动作及有关规则；在游戏中，则可借助教玩具来提高他们的兴趣，同时，保育员要参与游戏，这样可帮助和鼓励幼儿。游戏可分组进行，要让每个幼儿都有活动的机会，游戏时间可视幼儿的兴趣而定，可适当延长。一般一个学期可学习3~4个游戏。

(4) 律动。按音乐的节奏、速度做有规律的动作，能培养幼儿的节奏感，并能发展动作。律动包含基本动作和模仿动作。

1) 基本动作。如拍手、点头、碎步、小步跑等。

2) 模仿动作。如开飞机、小鸟飞、兔子跳等。

幼儿在1岁半后即可开始学做律动，年龄小的幼儿学做律动时，保育员应特别注意示范动作的正确。随着幼儿年龄的增长，律动由易至难。在学习活动中，保育员不要让幼儿单纯的模仿，而是要让他们在感受音乐的基础上，通过游戏来练习动作，这样孩子很快就能接受，而且能学得积极主动。一般在一个学期内可学习3~4个律动。

(5) 唱歌。用自然的声音唱出歌曲，能培养婴幼儿对唱歌的兴趣，并有利于听力和语言的发展。幼儿在1岁半起就可以学习唱歌，此时歌曲简单，歌词一般只有2句；2岁半至3岁时，幼儿语言迅速发展，歌曲也逐渐有了难度，音符出现了变化，歌词一般有4

句,并出现了2段式歌曲;在3~6岁时,由于幼儿语言发展迅猛,歌曲也更具难度了,音符变化增多,歌词一般有4~6句,并出现了3段或4段式歌曲。在唱歌的学习活动中,保育员应改变让小儿一句句模仿唱的方法,而是应先让他们感受曲调,理解歌词,从而引导他们想象,启发表达,并在他们愉快的情绪中给以技巧的示范指导,如发声、吐字、口形等,并告诉他们不能喊叫,应保护好嗓音,唱歌的音域一般在5度到6度以内(即c^1~g^1或a^1),拍子以2/4、4/4为主,节奏以平稳鲜明为宜。在一学期内一般可学唱3~4首歌曲。

(6)歌表演。将唱歌和舞蹈结合起来,边唱边做,能培养孩子的表演能力,并为学习舞蹈打下基础。幼儿在1岁半后就可以学习歌表演,动作从简单到复杂,并从模仿动作发展到创造动作。在学习歌表演的活动中,要先让幼儿感受曲子,理解内容,学会歌曲,然后引发他们的情感与想象。保育员要多尊重幼儿的意愿,让他们大胆积极地表达,并应特别注意鼓励创造性的表达。在动作的启示和示范中,应注意自己动作的美感,表情的自然。在一学期内一般可学习2~3个歌表演。

(7)舞蹈。在音乐伴奏下,通过有节奏的动作姿势来表达音乐的形象,并生动地反映现实生活,能培养孩子的感受力与表现力,并发展动作的协调性。幼儿2岁起就可学习舞蹈,内容有民族舞、游戏舞、卡通舞等,形式有单人、双人,以及集体的形式。在舞蹈的学习活动中,保育员应注意加强游戏性,要先让幼儿熟悉音乐,感受意境,在他们掌握了一定的舞蹈基本动作的基础上,让他们去体验与他人合作表演的快乐,要鼓励他们能运用自己的身体、动作去进行再现性和创造性的表演,并能用自然的表情与他人交往、合作。另外,在舞蹈活动中,可根据幼儿年龄,适当运用些道具,以增加幼儿的表演情趣,并更好地表达舞蹈的意境。在一学期内一般可学习2~4个舞蹈。

(8)打击乐。用乐器打击出音乐的节奏,亦可称为乐器演奏,它能培养幼儿的节奏感及遵守纪律、听从指挥的习惯。打击乐一般在3岁以后学习,对托儿所年龄的小儿不作具体要求。在打击乐的活动中,可以让幼儿辨别各种常见乐器的音色,感受乐器声音的美妙,掌握一些常见的节奏类型,理解指挥的手势含义,体验合作的愉快,且运用已掌握的节奏进行创造性表现,奏出和谐、优美、有表现力的音响。在一学期内一般可进行1~2首打击乐曲的练习。

4. 音乐活动前保育员应做的准备工作

(1)做好环境创设,使活动室清洁、宽敞、通风、无噪声,并根据活动内容安排座位。

(2)根据活动需要准备相应的物品,如录音机、磁带、各种小乐器、头饰及各种辅助材料。若需要组织活动的,则应按幼儿的年龄特点及兴趣准备好音乐活动的内容。

二、简谱乐理知识与视唱

1. 简谱乐理知识

(1)音的高低

1) 音名。音乐上常用的七个基本音是用 C，D，E，F，G，A，B 来标记的。它代表一定的音的高度，称为音名。音名在键盘上的位置是固定的，分别用小字组、小字一组、小字二组来表示低音、中音和高音，如图 12—1 所示。

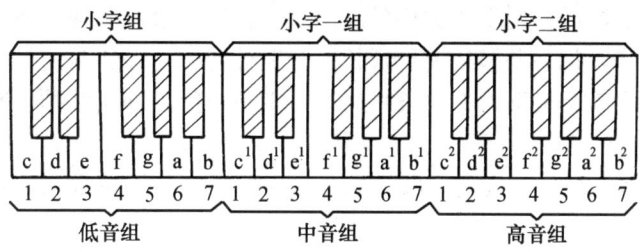

图 12—1　音名与键盘

2) 唱名。用阿拉伯数字 1，2，3，4，5，6，7 来标记，唱曲调时是用 do，re，mi，fa，so，la，si 来发音。

3) 音组。在音乐中，为了表达歌曲内容和塑造音乐形象，还需用一些比基本音更高或更低的音，这些音分别用"高音点"或"低音点"来表示，也就是在七个音的上面或下面加一小圆点，在七个音上面加点的叫高音，在七个音下面加点的叫低音，音的上下都没有点的叫中音。

唱名在键盘上的位置是不固定的，如图 12—1 中 1＝C 时有一组音阶排列，此外，也可 1＝F 或 1＝G 等。

4) 全音、半音、变化音。我们把 $1-\dot{1}$ 或 $\underset{.}{1}-1$ 之间的音按高低顺序排列起来，就是音阶。其中 3—4，7—$\dot{1}$ 两音之间的距离是半音，1—2，2—3，4—5，5—6，6—7 两音之间的距离是全音，每一个全音包括两个半音如图 12—2 所示。

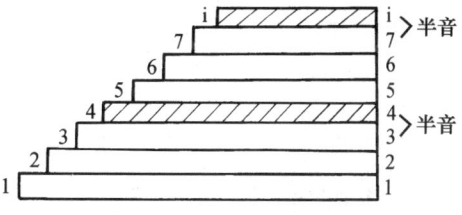

图 12—2　半音示意图

在键盘乐器上，相邻两个键的音高距离叫做半音，如 E—F，B—C，B—♭B，♯F—F。两个半音等于一个全音，如 C—D。

除了白键上有固定名称外，黑键上也有它的名称。比如，F 升高半音的音（♯F）称为升 F（即 F 右面的黑键），比 B 降低半音的音（♭B）称为降 B（即 B 左面的黑键）。

用来表示升高半音或降低半音的记号，称为变化音记号。

常用的变化音记号有下列几种：

"♯" 称升记号，表示音要升高半音。

"♭" 称降记号，表示音要降低半音。

"♮" 称还原记号，表示把已经升高或降低的音还原到原来的音高。

(2) 音的长短。在歌曲和乐曲的曲调中，音不仅有高有低，还有长有短。把相同或不同长短的音根据特定的思想感情，按一定的规律组织起来，叫节奏。

1) 音符。在简谱中记录音高低长短的符号叫音符。用 1，2，3，4，5，6，7 七个阿拉伯数字来表示音的高低，用不同的短横线记录在音的右边或下面，表示音的长短。音符右边的横线称增时线，每一条横线表示延长一个四分音符，即通常说的一拍。音符下面的横线叫减时线，如在某个音下面有一条减时线，则是半拍，即 1/2 拍；有两条减时线则是 1/4 拍。

常见的音符见表 12—1，从表上可以看出，音的长短是用拍数来计算的，即四分音符为一拍。

表 12—1　　　　　　　　　　　常用的音符

名称	写法	拍数 （以四分音符为一拍）	音的长短时值比例
全音符	5 — — —	四拍	
两分音符 （是全音符的 1/2）	5 —	二拍	
四分音符 （是全音符的 1/4）	5	一拍	
八分音符 （是全音符的 1/8）	5̲	半拍	
十六分音符 （是全音符的 1/16）	5̳	1/4 拍	
三十二分音符 （是全音符的 1/32）	5̿	1/8 拍	

2) 附点音符。音符的后面附着一个小圆点的，叫做附点音符。附点音符的作用是表示增长原有音符时值的一半。

常见的附点音符见表 12—2。

表 12—2　　　　　　　　　　　常见的附点音符

名称	写法	拍数（以四分音符作一拍）
附点四分音符	5.	5+5=一拍半
附点八分音符	5̲.	5̲+5̳=3/4 拍
附点十六分音符	5̳.	5̳+5̿=3/8 拍

3) 休止符。在歌曲、乐曲中，表示音乐间歇的符号叫做休止符。常见的休止符见表

12—3。

表 12—3　　　　　　　　　　　常见的休止符

名称	写法	拍数（以四分音符为一拍）
四分休止符	0	一拍
八分休止符	0̱	半拍
十六分休止符	0̳	1/4 拍
三十二分休止符	0̳̱	1/8 拍

（3）音的强弱。在曲调中，音不但有高低长短的区别，而且有强弱之分。音的强弱对于表达歌曲、乐曲的思想感情有一定的作用。

为了掌握曲调进行中的强弱规律，应先了解一下小节和拍号。

1）小节与小节线。乐谱上的纵线叫小节线，两条小节线之间叫小节。一段音乐的终止，要画终止线"‖"，例如：

　　　　小节　│　小节　│　小节　│　小节　│　小节　‖
　　　　　　小节线　　小节线　　小节线　　小节线　　终止线

小节线的主要作用是划分曲调的节拍，并明确节拍音的基本强弱规律。单旋律乐谱每行音乐的开头不画小节线。

2）拍号与节拍。在歌谱的左上方标有 2/4，4/4 等节拍记号，简称拍号，它的含义是：每小节几拍/几分音符作一拍。

常用的拍号及读法见表 12—4。

表 12—4　　　　　　　　　　　常用的拍号及读法

写法	含义	读法
2/2	每小节二拍／二分音符作一拍	二二拍
2/4	每小节二拍／四分音符作一拍	四二拍
4/4	每小节四拍／四分音符作一拍	四四拍
3/4	每小节三拍／四分音符作一拍	四三拍
3/8	每小节三拍／八分音符作一拍	八三拍
6/8	每小节六拍／八分音符作一拍	八六拍

了解了小节和拍号的作用后,就可以进一步了解节拍的强弱规律。节拍是强拍与弱拍的均匀交替,为了便于掌握,用"●"表示强拍、"◐"表示次强拍、"○"表示弱拍。

常见节拍的强弱规律见表12—5。

表12—5　　　　　　　　　常见节拍的强弱规律

节拍种类	拍　号	拍子单位与强弱规律
二拍子	2/2	● ○ × — × —
二拍子	2/4	● ○ × ×
三拍子	3/4	● ○ ○ × × ×
三拍子	3/8	● ○ ○ × × ×
四拍子	4/4	● ○ ◐ ○ × × × ×
六拍子	6/8	● ○ ○ ◐ ○ ○ × × × × × ×

歌曲或乐曲的开始,有的是在强拍上,也有的在弱拍上。从弱拍起唱的歌曲,开始的小节称不完全小节。

另外,由于乐曲的内容、思想感情的发展或语音特征的需要,有时也会出现一些变化的节拍和节奏。通常出现的有:

①混合拍子。二拍与三拍交替出现形成的五拍子,强弱变化通常是:强、弱、次强、弱、弱。例如:

$$5 \quad 5 \mid 5 \quad 5 \quad 5 \mid$$
$$● \quad ○ \quad ◐ \quad ○ \quad ○$$

三拍与二拍交替出现形成的五拍子,强弱变化通常是:强、弱、弱、次强、弱。例如:

$$5 \quad 5 \quad 5 \mid 5 \quad 5 \mid$$
$$● \quad ○ \quad ○ \quad ◐ \quad ○$$

②三连音。在规定的时值内平均唱(奏)出三个音,叫三连音"⌒3⌒"。

③切分音。在乐曲中,常将弱拍或弱位置上的音(除每一拍第一个音外,其余的音一般称弱位置),与后一个音结合而成强音,这个音就叫切分音。它改变了原有节拍的强弱规律,形成了切分节奏。例如"小镰刀":

$$\underline{1\ 1}\ \underline{2\overset{\frown}{3\ 2}}\ |\ \underline{1}\ \ \underline{1\ \ 6}\ |\ \underline{1\ 1}\ \underline{2\overset{\frown}{3\ 2}}\ |\ \underline{1}\ \ \underline{1\ \ 6}\ |$$

弯　弯　小镰　　刀呀　　　　是咱　好朋　　友呀

常见的切分节奏除上面的一种形式外，还有两种：

跨小节的，例如：

$$2/4\quad 3\quad 5\ |\ 6\quad 5\ |\ \underline{3\ 5}\ \underline{6\ 5}\ |\ 6\ \overset{\frown}{\ \ }\ 6\ |\ 6\quad 5\ |\ 5\quad 0\ |$$

在一拍内出现的，例如：

$$2/4\quad \underline{5\ 5\ \dot{1}}\ \underline{5\ 3}\ |\ \underline{4\ 4\ 5}\ \underline{4\ 3\ 2}\ |\ \underline{3\ 3\ 4}\ \underline{3\ 1}\ |\ \underline{2\ 2\ 7}\ 1\ |$$

（4）调。每首歌曲必须具有一定的音高位置，歌曲的音高位置（即"1"音在键盘上的位置）叫调。

1）调号。表示调的音高的记号叫调号。歌曲、乐曲的左方标有"1＝C""1＝F""1＝G"等，这称为调号。1＝C 说明"1"的音高要唱得相当于键盘上的 C 音；1＝F 说明"1"的音高要唱得相当于键盘上的 F 音，依此类推。

C 调，如图 12—3 所示。

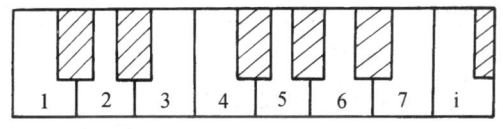

图 12—3　C 调

G 调，如图 12—4 所示。

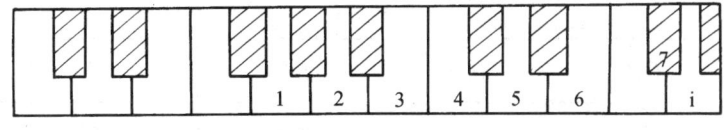

图 12—4　G 调

D 调，如图 12—5 所示。

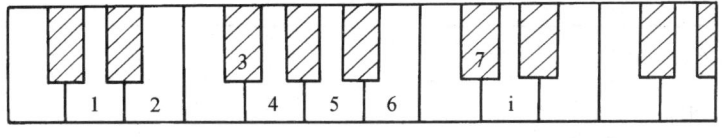

图 12—5　D 调

F调,如图12—6所示。

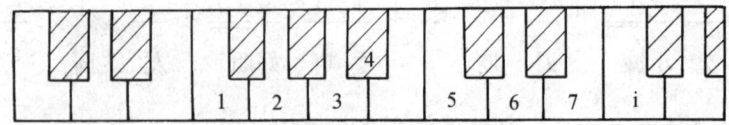

图12—6　F调

2)定调。演唱一首歌曲的时候,如果没有乐器定音,那怎么来确定调的高低呢?定高了,高的音唱不上去;定低了,低的音唱不下来,都会影响歌曲情绪的表达。因此,要获得预期的演唱效果,定调是很重要的。在演唱中应根据对象来定调,一般的办法,是先把歌曲的最高音和最低音找出来试唱一下,如果合适了,再依次找出歌曲的开始音进行演唱。

(5)常用记号。在乐谱上,经常有各式各样的记号。使用这些记号是为了提示人们根据歌曲的思想内容,增强其表现力。常用记号有以下几种:

顿音记号"▼"或"▽",表示这个音要唱得短促、跳跃。

延长记号"⌒",表示要根据乐曲内容的需要适当延长音的时值,在歌曲中一般延长一倍或一半。

连音记号"⌒",通常有两个作用:一是两个或几个同样高低的音用连线"⌒"连起来,表示把两个或几个音的拍数相加,唱成一个音;二是歌曲、乐曲中两个以上异音的连线,表示要演唱(演奏)得圆润、连贯。

重音记号">",表示这个音要唱得坚强有力。

保持音记号"—",表示这个音要唱得饱满,音符的时值要唱足。

换气记号"∨",表示该处要换气。

强弱记号,表示音的力度,通常有以下几种(见表12—6):

表12—6　　　　　　　　　　强弱记号

记号	含义	记号	含义	记号	含义
PP	很弱	ff	很强	＜	渐强
P	弱	f	强	＞	渐弱
mP	中弱	mf	中强		

2.简谱视唱

(1) 1＝C　4/4

1 2 3 1 | 6 i 5 — | i 5 6 3 |

　　5 6 2 — | 1 3 1 5 | 6 i 5 — |

　　i 5 6 3 | 5 6 i — ‖

(2) 1=G 4/4

　　1 5·1 3 1 | 3 1·3 5 — | 5 5·5 3 1 |

　　2 2·2 2 — | 1 5·1 3 1 | 3 1·3 5 3 |

　　2 2·3 4 3·2 | 1 1·1 1 — ‖

(3) 1=F 4/4

　　5·3 5·3 1 5 | 6 4 2 — | 4·2 4·2 7 2 |

　　5 5 3 — | 5·3 5·3 1 5 | 6 4 2 — |

　　4·2 4·2 7 2 | 1 3 1 — |

(4) 1=C 4/4

　　6 6 i 2 6 5 — | 5 5 6 i 2 3 — | 3 2 3 5 3 5 6·i 2·3 |

　　i 2 3 2 i 6 5 — | 6 i 2 3 6 i 6 5 3 — | 3 6 i 5 6 5 3 2 3 2 1 1 2 3 1 |

　　2 — 2 — ‖

(5) 1=G 2/4

　　2 5 | 2 5 | 3 2 1 6 | 2 — | 2 5 2 5 |

　　1 7 6 | 5 6 1 | 5 — | 1 7 6 | 5· 1 |

　　5 6 5 | 2 — | 5 6 5 | 3 5 2 | 5 6 1 |

　　5 — ‖

(6) 1=C 2/4

　　i i 2 | i — | 2 7 6 | 5 — | 3 3 i |

　　6 5 5 | 6 5 3 2 | 1 — | 3 5 3 2 | 1 2 1 0 |

　　5 3 5 6 | 5 — | 3 3 i | 7 6 | 6 5 3 2 |

　　1 1 2 | 1 — ‖

(7) 1=F 2/4

2 1 12 | 3·5 36 | 2 1 12 | 3 12 36 |

35 6 i | 6 53 | 6 3 23 | 1 1235 |

3 21 | 61 61 | 6 — | 6 — ‖

(8) 1=F 2/4

66 3 | 2 1 2 | 12 17 | 65 6 |

6 6 | 53 4 | 34 32 | 1 — |

34 5·6 | 54 3·2 | 12 3·4 | 32 1·7 |

67 12 | 3 3 | 1 1 75 | 6 — ‖

(9) 1=G 2/4

5 5 | 53 5 | 5·3 13 | 21 5 |

6 1 | 51 3 | 512 32 | 1 — ‖

(10) 1=F 2/4

51 323 | 11 1 | 55 31 | 22 2 |

3·2 12 | 3 — | 3·2 13 | 5 — |

666 63 | 63 5 | 5·3 23 | 1 — ‖

(11) 1=G 2/4

511 12 | 33 1 | 334 56 | 5 — |

511 12 | 33 1 | 554 32 | 1 — ‖

(12) 1=F 3/4

```
 6  1  3  | 6 — 3 | 2 — 1 | 1 — — |
·

 7  — — | 2  3  4 | 3 — 2 | 1 — 7 |
·                                ·

 6  — — | 3  6  7 | 1̇ — 7 | 6 — 3 |
·

 5  —  4̂3 | 2 — — | 2  4  6 | 3 — 2 |

 1  —  7 | 6 — — ‖
       ·   ·
```

(13) 1=F 3/4

```
34  5·6 | 54 3̂ 1 | 71 2·3 | 27 5 — |
                    ·        ·

34  5·6 | 54 3̂ 1 | 71 2·3 | 21 5 — |
                    ·        ·

46  6  4 | 35 55 3 | 23 4 2 | 13 331 |

71 23 25 | 1  — — ‖
·    ·
```

(14) 1=F 3/4

```
5  3  3 | 5  3  3 | 3  2  3 | 4 — — |
·

5  2  2 | 4  2  2 | 2  1  2 | 3 — — |
·

5  3  3 | 5  3  3 | 3  2  3 | 4 — — |
·

4  6  2 | 3  5  1 | 2  4  7 | 1 — — ‖
                              ·
```

(15) 1=C 3/4

```
35 5 50 | 61̇ 1̇ 1̇0 | 12 3 5 | 22 1 — |

5  6  3 | 5 — — | 1̇  6  6 | 5 — — |

5  6  1̇ | 6 — — | 6 5 6̂   | 1̇ — — ‖
```

(16) 1=G 3/4

```
13 3 1 | 1 6 0 | 62 22 2 | 6 1·3 |
         ·                 ·

2  2  0 | 13 3 1 | 1 6 0 | 56 6̂6 16 |
                    ·      ··  ·· ··

5·6 56 | 1 — 0 ‖
· · ··
```

(17) 1=D 3/4

```
 5·3  2 | 1 — | 6·1 76 | 5 — — |
 5·5  4 | 3 — | 2·1 71 | 2 — — |
 3·4  5 | 5 — | 6·5 45 | 6 — — |
 7·6  5 | 4   | 3·5 2  | 1 — — ‖
```

(18) 1=G 3/4

```
5 | 5 1 2 | 3 — 17 | 6 4 4 | 4 — 44 |
5 — 1 | 1 7 · 1 | 2 — — | 2 — 55 |
5 1 2 | 3 — 17 | 6 4 4 | 4 — 44 |
3· 2 1 | 7 1 2 | 1 — — | 1 — — ‖
```

第二节 美 工

一、婴幼儿美工活动简介

1. 美工活动的意义

学前教育是人格塑造的奠基时期，也是接受艺术启蒙教育的最佳时期。美工活动可以培养幼儿对美工的兴趣，发展思维，锻炼小肌肉动作，促进智力和身心健康，使幼儿在欣赏美的过程中陶冶性情。

2. 美工活动的任务

(1) 培养幼儿对美工活动的兴趣。

(2) 借助大自然、社会生活、美术作品，初步培养幼儿美的感受力，并受到美的熏陶。

(3) 教会2岁以上幼儿正确的握笔姿势和坐姿，以及绘画、折纸、泥工的简单技能，发展小肌肉动作。

(4) 发展智力，培养幼儿审美的心理素质，挖掘和培养幼儿的创造潜力。

3. 美工活动的内容和形式

(1) 绘画。绘画是小儿美工活动的主要内容。1岁半至3、4岁左右的幼儿，绘画处于涂鸦期，反映在画面上的是杂乱的线条、缺少视觉控制的肌肉运动。涂鸦后期，出现简单的目的，但不能成形，不注意色彩变化，常常使用单色笔，偶尔换另一种颜色笔涂画。

幼儿涂鸦期分为三个阶段：第一阶段是随机的涂鸦。幼儿只是将笔抓握在手中，手腕动作不灵活，靠手臂力量带动笔，从而决定线条的方向。第二阶段是有控制的涂鸦。幼儿握笔的方式已接近成人，手腕动作较为灵活，涂鸦活动不再是纯肌肉活动，手的动作与视角逐渐协调，已能画出有一定规则的线条，还会在纸上重复地画圆。第三阶段是命名涂鸦。幼儿虽然还不能画出事物的具体形象，但是已经能给涂鸦线赋予某种意义，即命名，但这种命名是不稳定的，一会儿说是皮球，一会儿又说是太阳。对涂鸦线的命名，说明幼儿有象征的迹象，这在幼儿思维的发展中是十分重要的，因为幼儿开始懂得所画的图形与所接触的事物之间的关系，知道这些线条可以作为代表事物的符号。

保育员对幼儿可从下列方面进行基本绘画能力和兴趣的培养：

1）认识绘画工具的名称。

2）初步学习正确的握笔姿势，用右手拇指、食指、中指握住笔的下半部。

3）初步学习用铅笔、蜡笔或油画棒，画随意画，画线团，画短直线（从上到下）、短横线（从左到右）等。

4）逐渐学会图形不画出纸面。

5）逐步培养幼儿对色彩的兴趣。

（2）折纸、粘贴。2~3岁幼儿的手部小肌肉及其功能尚未发育完善，所以，保育员可结合游戏活动，让幼儿学习最简单的折纸和粘贴，从而提高他们对美工活动的兴趣。

1）认识纸的颜色，如红、黄、绿、黑、白。

2）认识纸的形状，如圆形、方形、三角形。

3）初步学会边对边、角对角折叠。

4）学习把图形或自然材料，如植物叶、麦秆、芦苇、棉花等粘贴在纸的适当位置上。

（3）泥工。胶泥柔软，在泥塑过程中可任意改变形状，做成各种不同形状的玩具，因此，泥工对幼儿有很大的吸引力。

1）认识泥工工具的名称。

2）初步学习将泥揉软、团圆、搓条、压扁及压坑。

（4）综合性美工活动。为了激发幼儿对美工活动的兴趣，增强其对色彩美的感受，保育员通过看看画画、摸摸捏捏、撕撕贴贴、折折玩玩的综合性美工活动，寓美工于游戏中，适合幼儿年龄特点，大致有以下几种：

1）添画。在原有的画面上，让幼儿添画一些内容，形成一幅完整的画面。多用于基本线条、涂色练习。例如，画圆圈，在画有熊猫的画面上，添画五彩的圆，形成一幅"熊猫吹泡泡"的图画；画短直线，在画有焰火的画面上，添画五彩的短直线，形成一幅"节日焰火"的图画。

2）折纸添画。让幼儿将纸稍加折叠后，添画一些简单的点或线，成为一件有趣的作品。例如，将纸折叠成三角形后，折出耳朵，然后在适当部位添画小圆，就成为一只小狗头、小猪头。

3）印章画。利用木料、橡皮、萝卜、土豆等材料制作印章，雕刻成动物、花草等图案，让幼儿将制成的图章印在纸上玩，或用布团、纸团、塑料瓶、盖印出不同的花纹图案等。

4）棉签画。用棉签蘸颜料，在纸上点点、画画，如画紫葡萄、下雨、气球、泡泡等。

5）粘贴画。将已剪好的图形，按要求粘贴在画面适当的位置上，如把小花粘贴在草地上、各种几何图形粘贴在妈妈的花裙上，还可把各色百洁布剪成不同的形状，粘贴在所需画面上。

6）手指画。以手指代替笔画画，如画"冰糖葫芦""紫葡萄""红太阳"等。

7）玩色

①调色。把两种不同颜色的颜料调和在一起，观察其色彩的变化，如红与蓝变紫、红与黄变橙、蓝与黄变绿等。

②摇色。把不同色的液体颜料分装在若干小瓶中，互相倒动，观察其变化。

8）折印画。把图画纸对折再打开，用水彩颜料在纸的一边画画，然后按中线折合，打开后则成为一幅色彩对称的图画。

9）浸染画。利用棉纸的吸水性，把棉纸任意对折，然后把其边角部分分别浸泡在染色水中，把纸打开后就会是一幅美丽的、四方连续式样的图案。如需要染成多种色彩，可以反复浸染几次。

4. 美工活动的注意事项

（1）不应把提高智力、掌握美工技能视为唯一目的，重要的是通过美工活动，培养幼儿对美工的兴趣，重在参与。

（2）活动的要求应由浅入深，由易到难，教会幼儿逐步掌握简单技能。

（3）选材时要考虑幼儿的年龄特点，尽量选用生活中熟悉的事物。

（4）做好活动前的准备工作，范例要大，材料工具要充分，桌椅高低及摆放要适宜。

（5）注意教会幼儿正确的握笔姿势。

（6）注意教室的采光，光线要柔和，活动时光线应从左上方射下，阳光不要直射桌面，眼睛和桌面保持适当的距离，坐姿正确。

二、保育员美工活动的技能技巧训练

1. 绘画

（1）基本技能。单线构图不需涂色。要求图形正确，比例协调，构图合理。

（2）练习内容

1）蔬菜。例如，白菜、萝卜，如图12—7所示。

2）水果。例如，苹果、香蕉、梨，如图12—8所示。

3）生活用品。例如，毛巾、牙刷、茶杯，如图12—9所示。

4）植物。例如，小花、小树，如图12—10所示。

2. 折纸

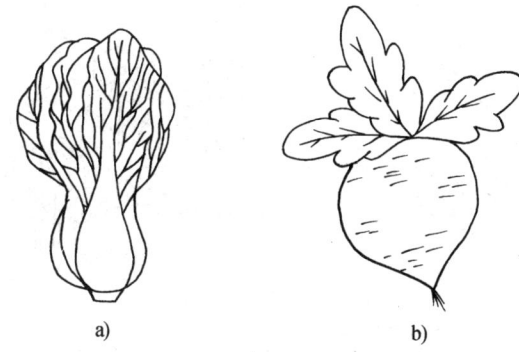

图 12—7 绘画练习内容——蔬菜
a）白菜 b）萝卜

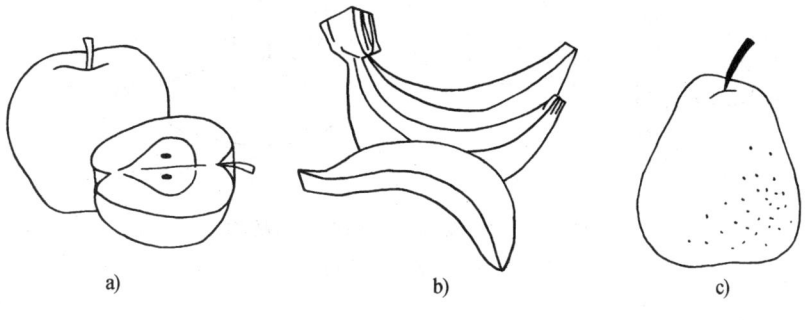

图 12—8 绘画练习内容——水果
a）苹果 b）香蕉 c）梨

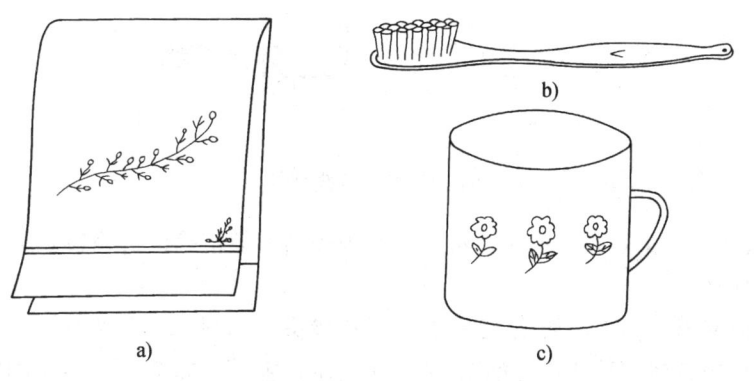

图 12—9 绘画练习内容——生活用品
a）毛巾 b）牙刷 c）茶杯

图 12—10 绘画练习内容——植物
a) 小花 b) 小树

折叠符号如图 12—11 所示。

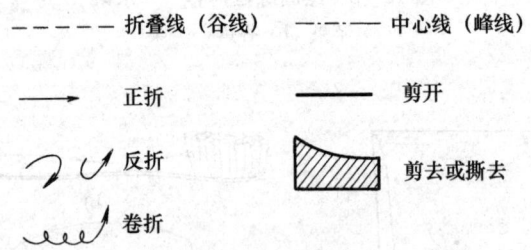

图 12—11 折叠符号

(1) 基本技能。角对角、边对边折纸。要求作品形象正确、折叠整齐。
(2) 练习内容
1) 三角形系列。狗头，如图 12—12 所示；猪头，如图 12—13 所示。
2) 双三角形系列。神仙鱼，如图 12—14 所示；宝塔，如图 12—15 所示。
3) 长方形系列。风琴，如图 12—16 所示；飞镖，如图 12—17 所示。
4) 正方形系列。小猴，如图 12—18 所示；小桌，如图 12—19 所示；小碗，如图

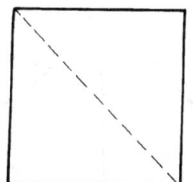 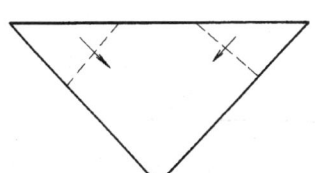

①把纸按对角中心线折成三角形

②三角形左右两端两个角向下正折，折出两个耳朵

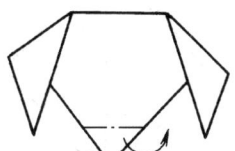 

③三角形下端的角向上反折，折出狗头下额

④画上眼、鼻、嘴

图 12—12　狗头

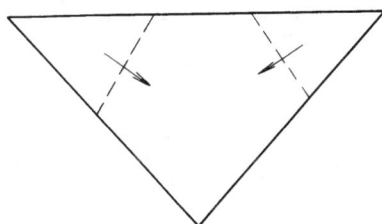 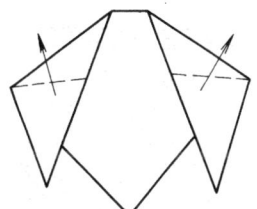

①把纸按对角中心线折成三角形

②将三角形的两个角向下正折，再向上正折，折出两个耳朵

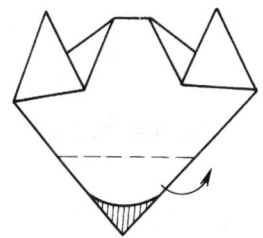 

③将三角形下端向上反折，并剪成半圆，这是猪头的反面

④把纸转向正面，画上眼、鼻、嘴

图 12—13　猪头

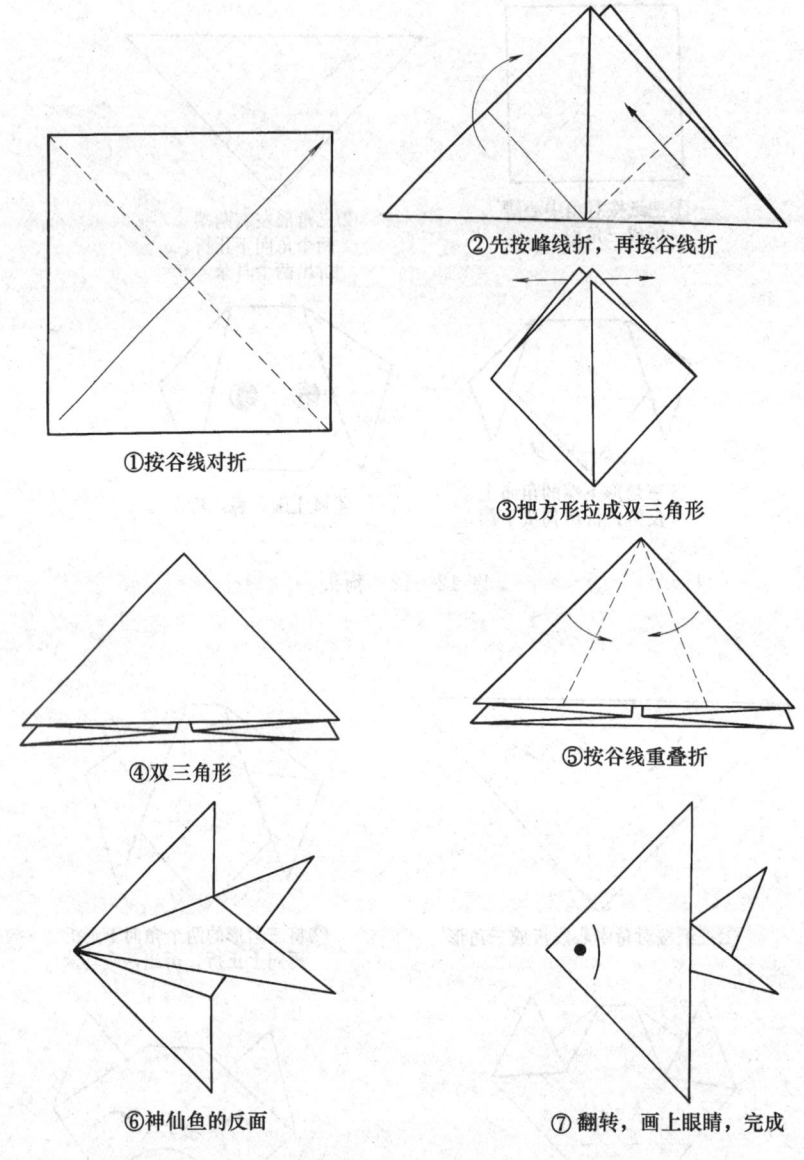

图 12—14 神仙鱼

12—20 所示；帆船，如图 12—21 所示。

3. 泥工

(1) 基本技能。揉泥、团圆、搓条、压扁、压坑。要求作品形象正确，外形光洁。

(2) 练习内容。泥工练习内容如图 12—22 所示。

1) 揉泥、团圆

第十二单元 保育员专业技能技巧

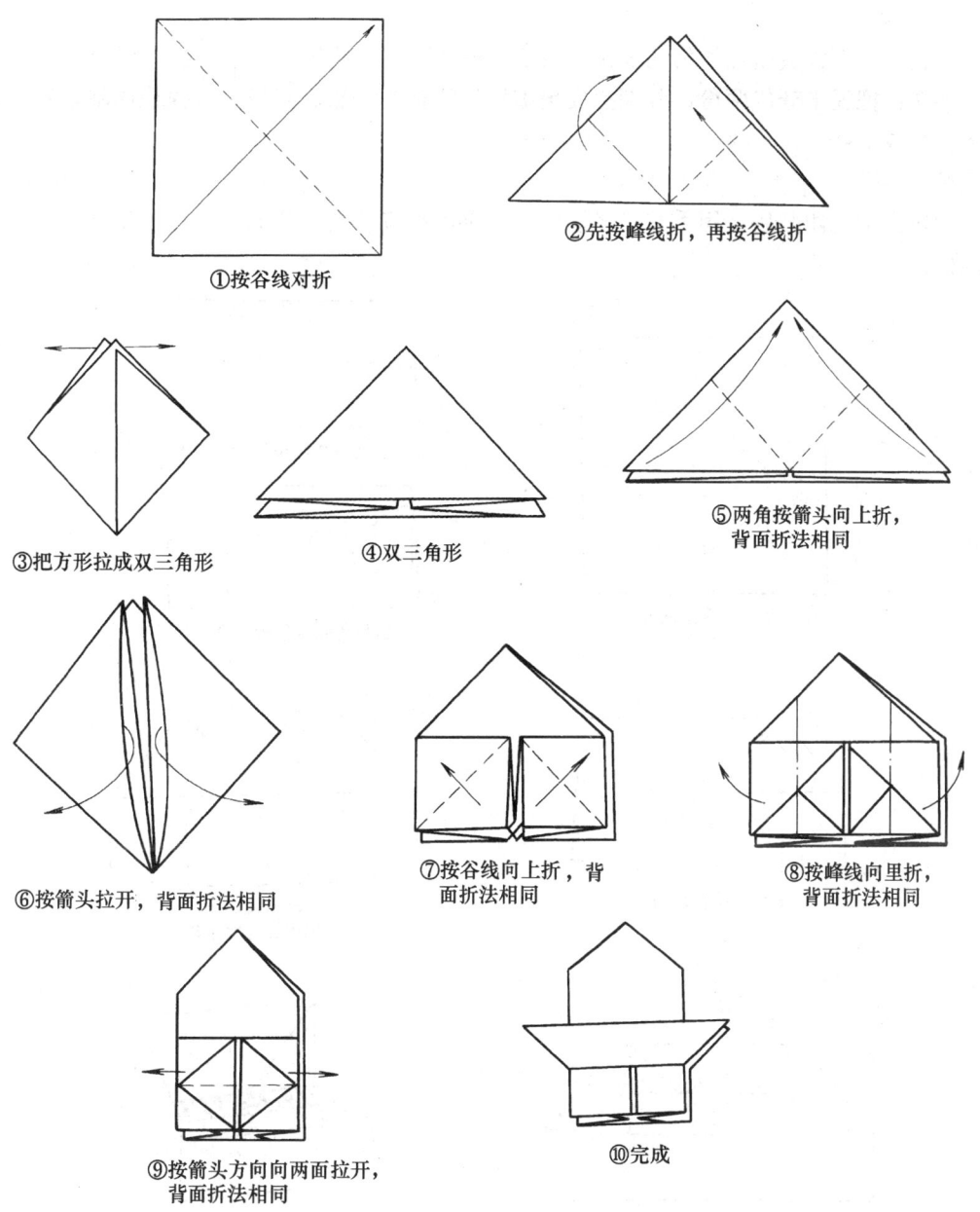

图 12—15 宝塔

苹果：先把泥在掌心揉软，然后团成球状，顶部中央插入小梗，可用小树枝、半截火柴梗或牙签代替。

冰糖葫芦：把红泥均匀分成 5～6 份，分别团圆成球状，用小木棒把它们串起来。

2）搓条

麻花：把泥搓成粗细均匀的长条，对折后捏住两端，轻轻转两下，扭成麻花。

油条：把泥平分成两份，分别搓成粗细均匀的长条，然后并拢。再捏住两端，轻轻转两下，扭成油条。

3）压扁

大饼：把泥团圆后，用手掌心轻轻压扁，再用相应色点上芝麻，或用牙签扎出针眼作"芝麻"。

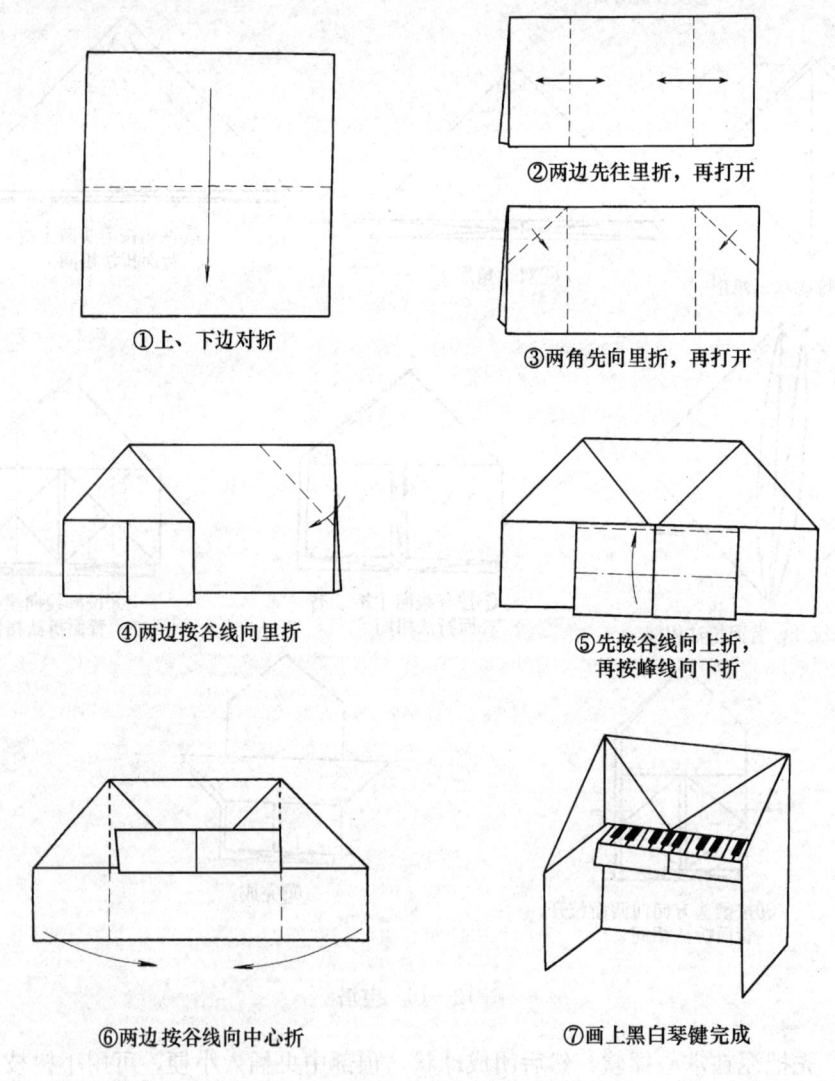

图 12—16 风琴

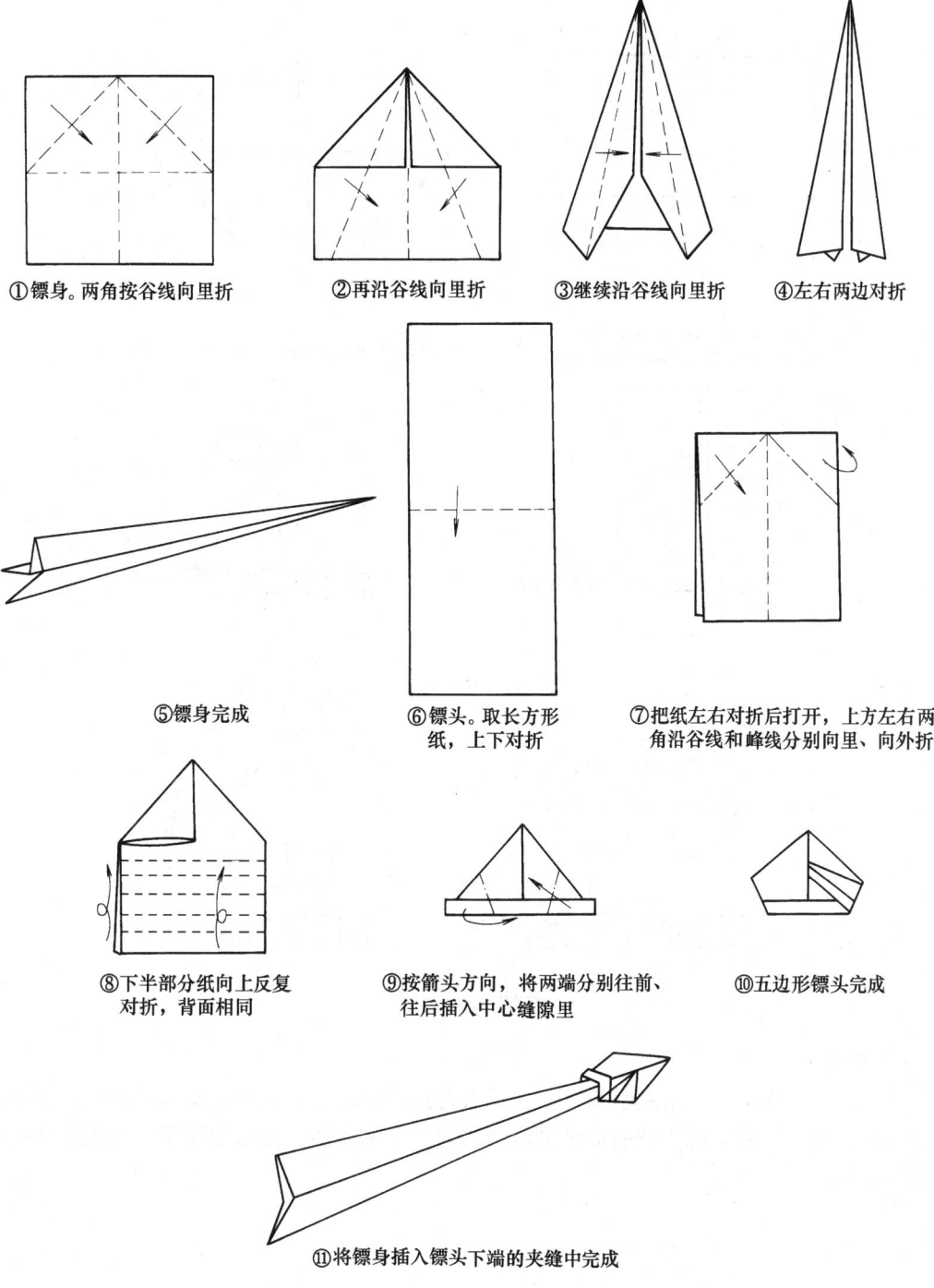

图 12—17 飞镖

保育员（初级）

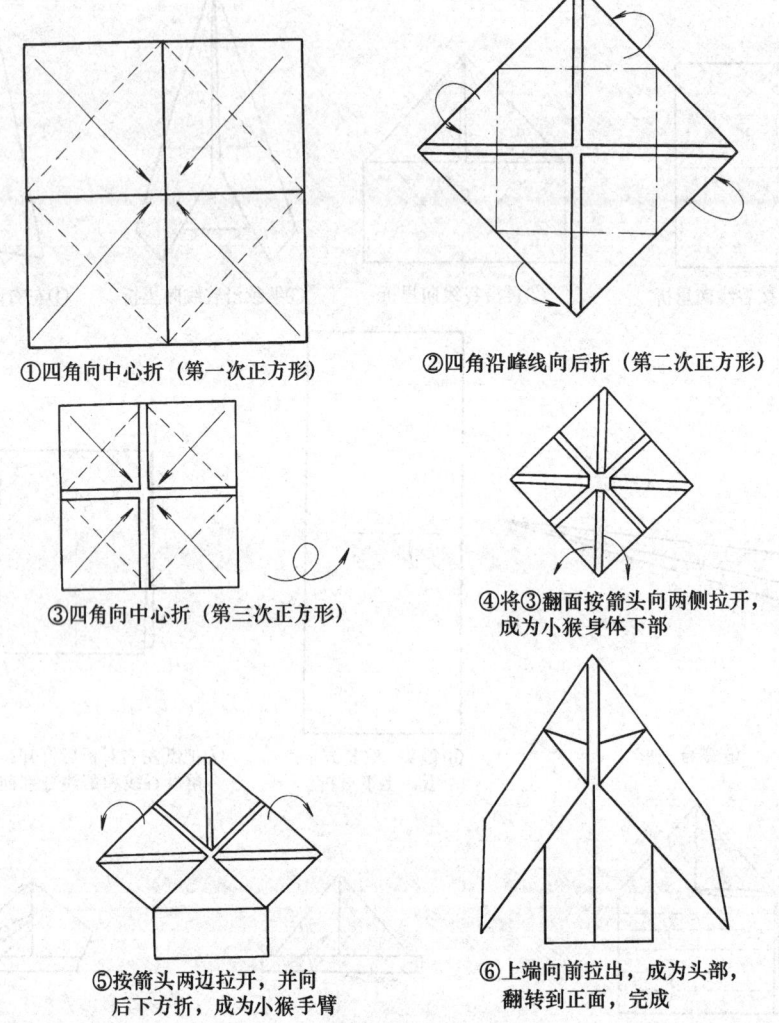

①四角向中心折（第一次正方形）
②四角沿峰线向后折（第二次正方形）
③四角向中心折（第三次正方形）
④将③翻面按箭头向两侧拉开，成为小猴身体下部
⑤按箭头两边拉开，并向后下方折，成为小猴手臂
⑥上端向前拉出，成为头部，翻转到正面，完成

图12—18 小猴

4）压坑

碗：把泥团成圆形，用左手托着，右手大拇指在圆球中心压坑。在坑内外侧，用其余四指边转边捏，捏成小碗。碗的边缘要厚薄均匀、平滑光洁。最后用小手指在碗底中间按出碗的底边。

· 134 ·

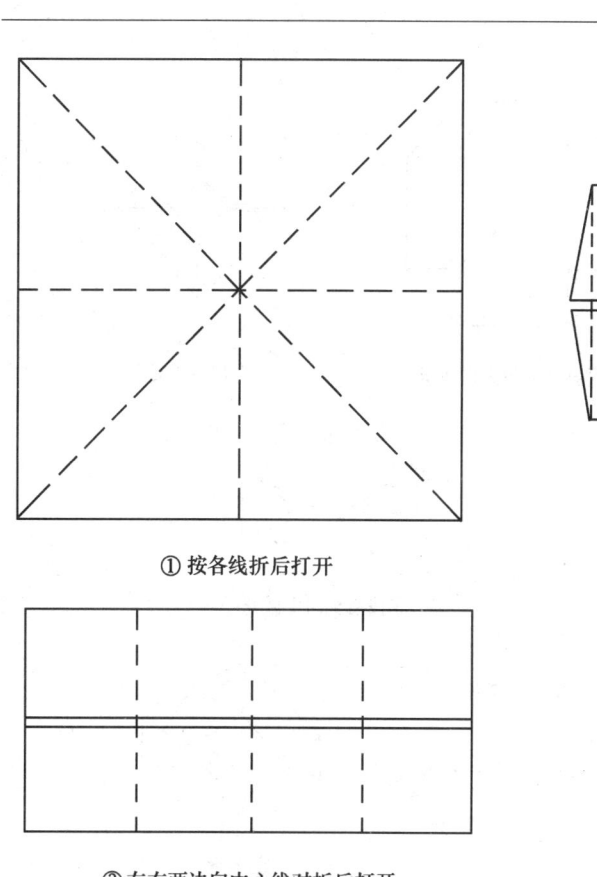
① 按各线折后打开

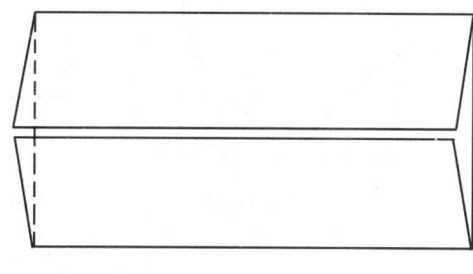
② 正方形上下两边向中心线对折

③ 左右两边向中心线对折后打开

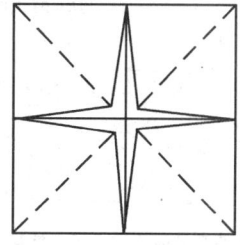
④ 四端角沿各线压折出四个小正方形

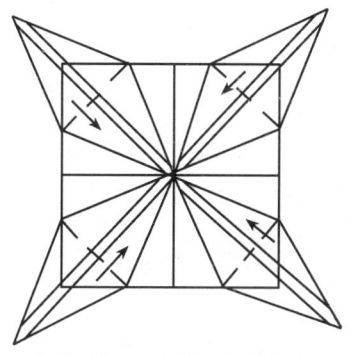
⑤ 小正方形沿各线折出四个菱形

⑥ 每个菱形向正方形中心方向对折，拉出四个桌子腿，完成

图12—19 小桌

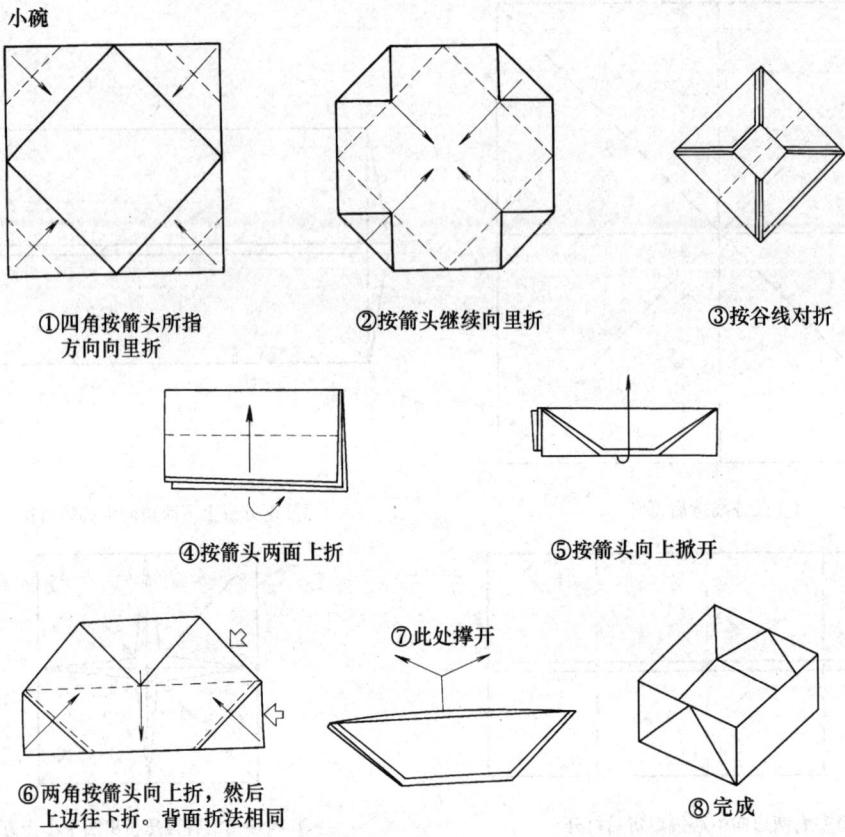

图12—20 小碗

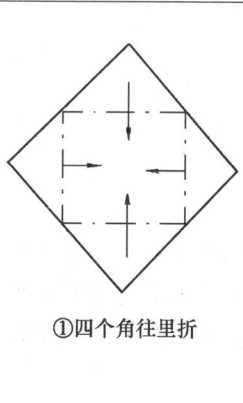
①四个角往里折

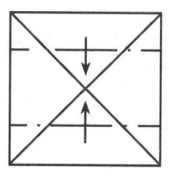
②上下两边沿谷线往里折

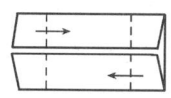
③左、右两边再往里折

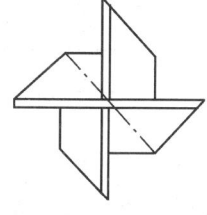
④从中间拉开，折成⑤

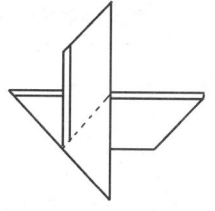
⑤另一边同样折成⑥

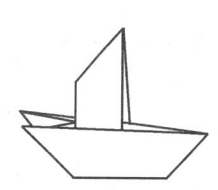
⑥按箭头方向折

⑦沿峰线向后对折成⑦

⑧把下角往左折　　⑨完成

图 12—21　帆船

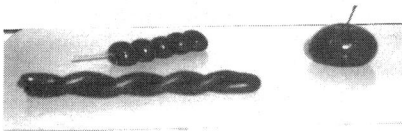
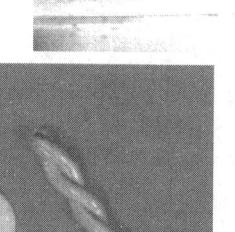

图 12—22　泥工练习内容

第三节 婴幼儿体操

体操是发展婴幼儿动作的重要手段之一，为了让婴幼儿身体健康，动作发展协调，根据婴幼儿生理、心理的特点，配设了形式不同的操节。在托儿所阶段设有婴儿保健操、竹竿操、模仿动作操和花色操；在幼儿园阶段设有幼儿广播体操、器械操、韵律操等。

一、托儿所体操

1. 婴儿保健操

婴儿保健操适用于1岁以内的婴儿，该年龄的婴儿没有独立做操的能力，完全需要或基本需要保育员帮助其来完成操节。婴儿保健操共有2套，其中保健操（一）适用于2～6个月的婴儿，保健操（二）适用于7～12个月的婴儿。保育员要根据婴儿的月龄选用。

（1）方法。保育员先帮婴儿脱去外衣，换好尿布，将其抱在桌或床上，使之仰卧。保育员站在婴儿的足端，然后按音乐节奏做操，每天做一次。见表12—7和表12—8。

表12—7　　　　　　　　　婴儿保健操（一）

节名	预备姿势	动作	图示	注意
两手胸前交叉		第1拍将两手向外平展，与身体成90°，掌心向上；第2拍两臂向胸前交叉，重复共两个8拍		两臂平展时可以帮助婴儿稍用力，两臂胸前交叉时动作应轻柔些
伸屈肘关节	保育员两手握住婴儿两手的腕部，让婴儿握住保育员大拇指，两臂放于身体两侧	第1拍将左臂肘关节前屈；第2拍将左肘关节伸直还原；第3、第4拍换右手伸屈肘关节，重复共两个8拍		屈肘关节时手接触婴儿肩，伸直时不要用力

续表

节名	预备姿势	动作	图示	注意
肩关节运动	保育员两手握住婴儿两手的腕部，让婴儿握住保育员大拇指，两臂放于身体两侧	第1~3拍将左臂弯曲贴近身体，以肩关节为中心，由内向外做回环运动，第4拍还原；第5~8拍换右手，动作相同。重复共两个8拍	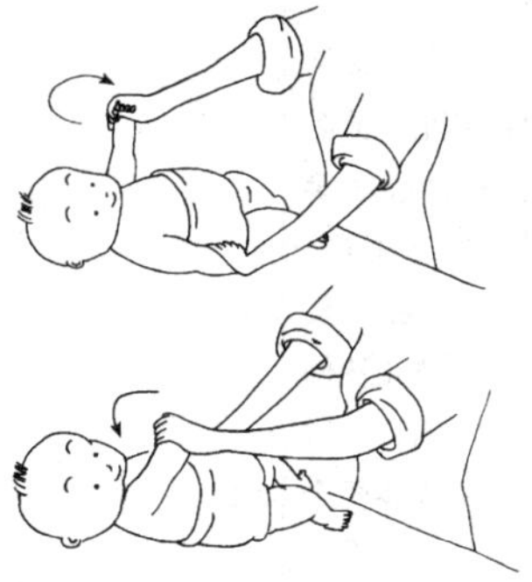	动作必须轻柔，切不可用力拉婴儿两臂勉强做动作，以免损伤关节及韧带
伸展上肢运动		第1拍两臂向外平展，掌心向上；第2拍两臂向胸前交叉；第3拍两臂上举过头，掌心向上；第4拍动作还原。重复共两个8拍	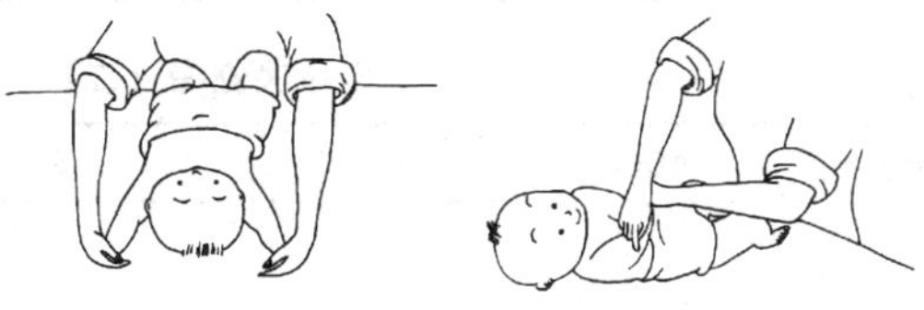	两臂上举时两臂与肩同宽，动作轻柔
伸屈踝关节	婴儿仰卧，保育员右手操作婴儿的左踝关节，左手握住左足前掌	第1拍将婴儿足尖向上，屈伸踝关节；第2拍足尖向下伸展踝关节。连续做8拍，后8拍换右足，做伸展右踝关节动作	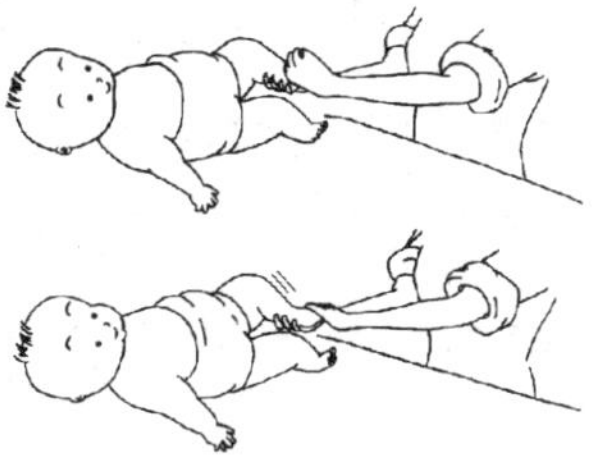	伸屈时动作要求自然，切勿用力过猛
两腿轮流伸屈	保育员两手分别握住婴儿两膝关节下部	第1拍屈婴儿左膝关节，使膝缩近腹部；第2拍伸直左腿；第3、第4拍伸屈右膝关节，左右轮流，模仿蹬车运动，重复共两个8拍	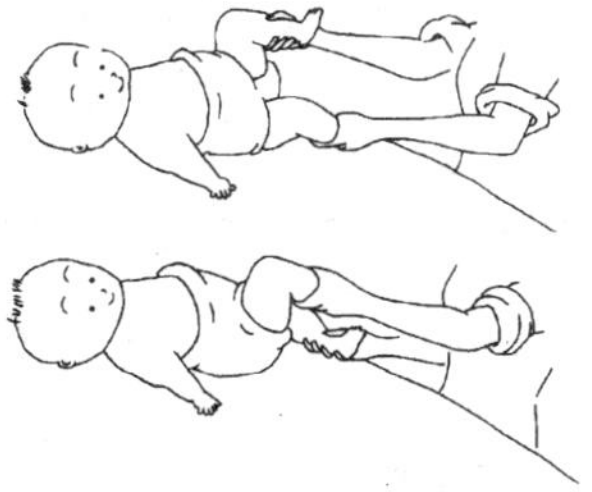	屈膝时稍帮助婴儿用力，伸直时动作放松
下肢伸直上举	两下肢伸直平放，保育员两掌心向下，握住婴儿两膝关节	第1、第2拍将两下肢伸直上举90°；第3、第4拍还原，重复共两个8拍	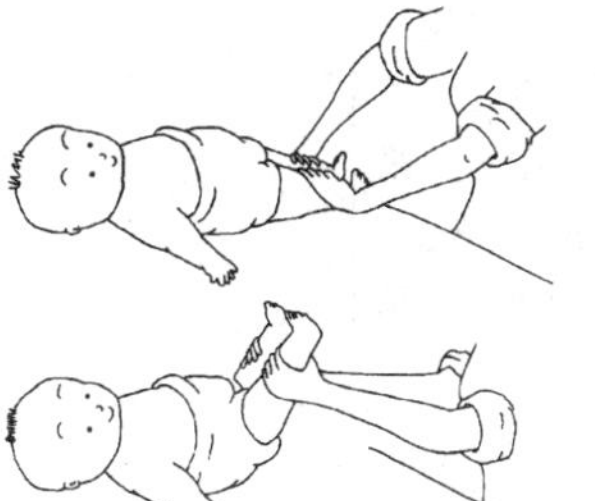	两下肢伸直上举时臀部不离开桌（床）面，动作轻缓

保育员（初级）

续表

节名	预备姿势	动作	图 示	注意
转体、翻身	婴儿仰卧，并腿，两臂屈曲放在左胸腹部，保育员左手扶胸部，右手垫于婴儿背部	第1、第2拍轻轻地将婴儿从仰卧转为右侧卧，第3、第4拍还原。第5~8拍保育员换手，将婴儿从仰卧转为右侧卧，后还原，重复共两个8拍		侧卧时婴儿的两臂自然放在胸前，使头抬高

表12—8　　　　　　　　　婴儿保健操（二）

节名	预备姿势	动作	图 示	注意
起坐运动	婴儿仰卧，保育员双手握住婴儿双手，或用右手握住婴儿左手，左手按住婴儿双膝	第1、第2拍牵引婴儿从仰卧位起坐；第3、第4拍还原，重复共两个8拍		拉婴儿起坐时，如果婴儿不配合，则不能过于用力
起立运动	婴儿俯卧，保育员双手托住婴儿双臂或双腕	第1、第2拍牵引婴儿从俯卧跪直、起立，或直接站起；第3、第4拍还原，重复共两个8拍		扶婴儿站起要逐步让他们自己用力

续表

节名	预备姿势	动作	图示	注意
提腿运动	婴儿俯卧，两手放在胸前，两肘支撑身体，保育员双手握住其两足踝部	第1、第2拍轻轻抬起婴儿双腿，约30°；第3、第4拍还原，重复共两个8拍	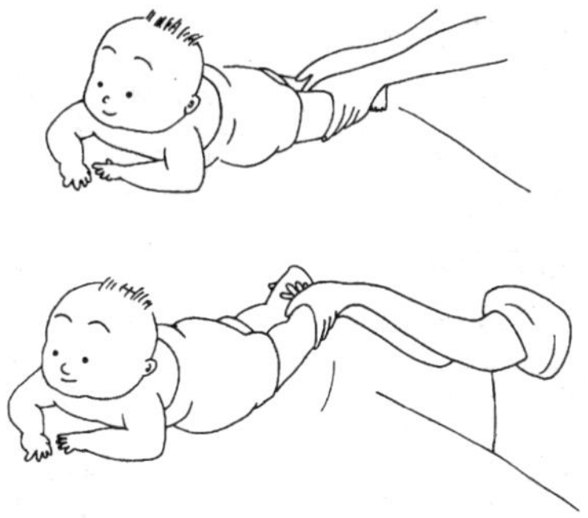	动作轻柔缓和
弯腰运动	婴儿与保育员同一方向直立，保育员左手扶住婴儿两膝，右手扶住婴儿腹部，在婴儿前方放一玩具	第1、第2拍让婴儿弯腰前倾，捡起前方玩具；第3、第4拍直立还原，重复共两个8拍	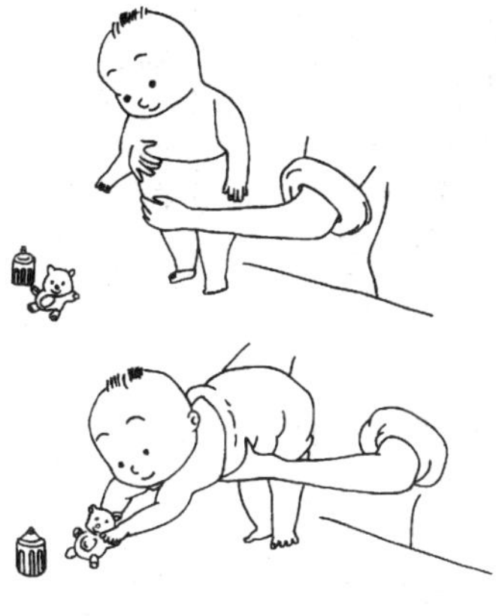	让婴儿自己用力前倾和直立，如不能直立，保育员可将左手移至婴儿胸前，帮助婴儿完成动作
挺胸运动	婴儿俯卧，两手向前伸出，保育员双手托住婴儿肩臂	第1、第2拍轻轻地使婴儿上体抬起并挺胸，腹部不离开桌面；第3、第4拍还原，重复共两个8拍	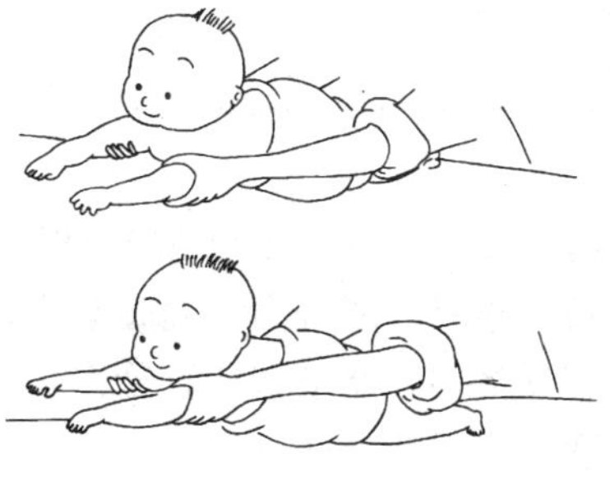	动作要缓和，在挺胸、挺腰时可稍用力

节名	预备姿势	动作	图示	注意
转体、翻身运动	婴儿仰卧,两臂屈曲放在前胸,保育员右手扶胸部,左手垫于婴儿背部	第1、第2拍轻轻地将婴儿从仰卧转为右侧卧,第3、第4拍保育员帮助婴儿从右侧卧位转成俯卧位,第5~8拍轻轻地将婴儿复原仰卧位。第二个8拍动作相同,方向相反。重复共两个8拍		仰卧时婴儿的两臂自然放在胸前,使婴儿处于撑胸抬头姿势
跳跃运动	婴儿与保育员对面站立,保育员双手扶婴儿腋下	第1、第2拍扶起婴儿使足离开桌(床)面,同时说"跳、跳",做跳跃运动,以足前掌接触桌(床)面为宜。重复共两个8拍		动作要轻快自然,让婴儿的脚尖着地
扶走运动	婴儿站立,保育员站其背后,两手扶婴儿腋下;或保育员站在婴儿前面,两手扶住婴儿前臂或手腕	第1、第2拍扶起婴儿使左右脚轮流跨出,学开步行走。重复共两个8拍		场地要清洁、平坦,让婴儿站稳后,再鼓励其开步学走

(2) 注意事项

1) 一般在婴儿醒后或吃奶前后1 h情绪好时进行。

2) 保育员不能留长指甲,要洗净、温暖双手,不佩戴戒指等易损伤婴儿的物品。

3) 做操时要随音乐节拍,态度亲切,动作轻柔、随和,不勉强进行。

4) 室内温度要适宜,保持空气流通。

2. 竹竿操

竹竿操适用于1岁至1岁半的幼儿,该年龄的幼儿刚学走步或已学会走步,但不稳当,不能独立做操,但可借助竹竿扶持,由保育员协助做操。

(1)方法。准备两根竹竿(长2 m,直径2~3 cm,可用彩带或彩色加以装饰),两把小椅子,两名保育员分坐竹竿两端的小椅上,两手各持两根竹竿的一端,每次可让4~5名幼儿站在竹竿之间,幼儿之间保持一定的距离,并双手分握竹竿,在保育员带动下按音乐做操,每天做一次,见表12—9。

表12—9　　　　　　　　　　　　　竹竿操

节名	预备姿势	动作	图示
双臂摆动	幼儿两手握竿,站在两竿中间,两脚分开与肩同宽	第1拍左手臂向前,右手臂向后;第2拍动作相反,两脚原地不动,左右臂随竹竿向前后轮流摆动,重复共两个8拍	 
上肢运动		第1拍两臂侧平举;第2拍两臂上举;第3拍两臂侧平举;第4拍还原。重复共两个8拍	 

节名	预备姿势	动作	图示
体侧运动	幼儿两手握竿，站在两竿中间，两脚分开与肩同宽	第1拍两臂侧平举；第2拍右臂经体侧上举，身体向左侧屈；第3拍两臂侧平举；第4拍还原；第5~8拍动作相同，方向相反。重复共两个8拍	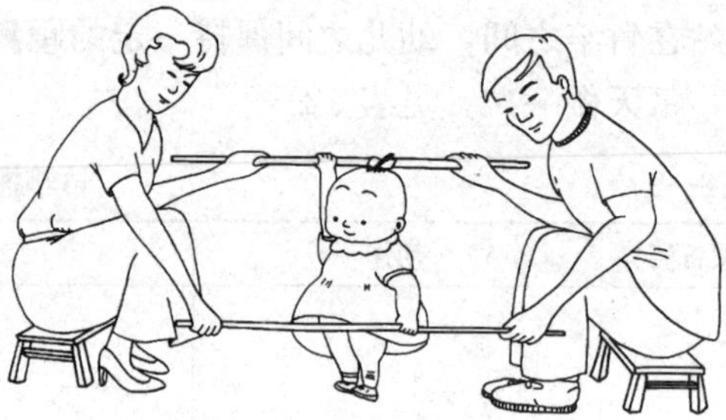
下蹲运动		第1拍两手握竿侧平举；第2拍轻轻下降竹竿，使幼儿扶着做全蹲运动；第3、第4拍站起还原。重复共两个8拍	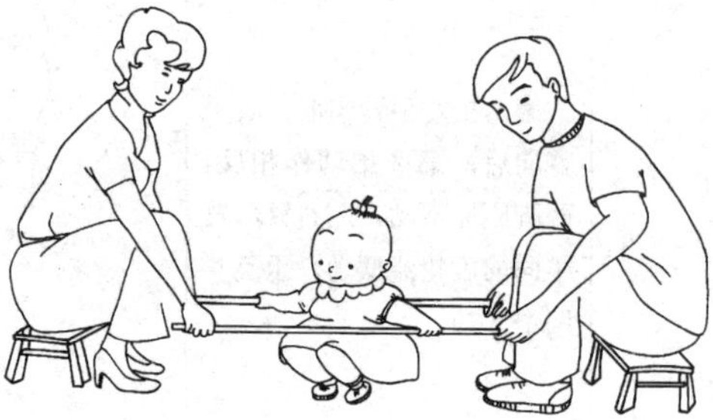
前走后退运动		第1~3拍向前走3步；第4拍两脚并拢。第5~7拍后退3步；第8拍两脚并拢。重复共两个8拍，后退时要慢一些	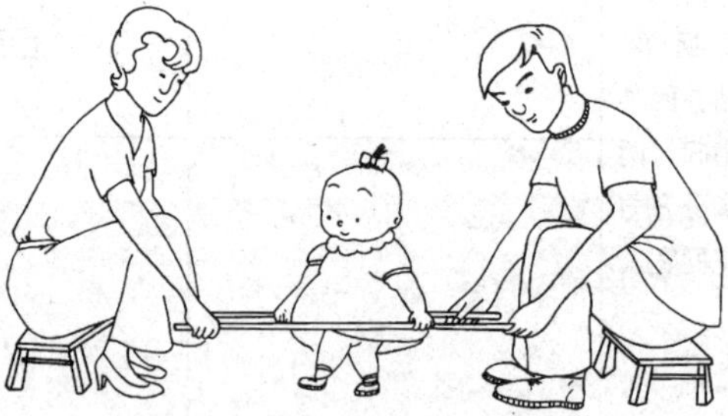
单臂上举运动		第1拍左手下垂扶竿，右臂上举；第2拍还原；第3拍右手下垂扶竿，左臂上举；第4拍还原。重复共两个8拍	

续表

节名	预备姿势	动作	图示
跳跃运动	幼儿两手握竿，站在两竿中间，两脚分开与肩同宽	第1、第2拍幼儿两手握竿，两脚离地跳跃2次，保育员把竹竿抬起放下；第3、第4拍原地休息不跳。重复共两个8拍	
划船运动	两根竹竿并拢，幼儿站在一侧，双手握竹竿，身体微前倾	第1～4拍两拍向前，两拍向后做划船动作。重复共两个8拍	

(2) 注意事项

1) 保育员动作要轻柔，使幼儿能顺势做动作。

2) 选择的场地要平整、宽敞。

3. 模仿动作操

模仿动作操适用于1岁半至3岁的幼儿，该年龄的幼儿能独立做操，但只能模仿。模仿动作操是幼儿在音乐伴奏下徒手做各种模仿动作，如小动物模仿操、生活模仿操、玩具动作操、交通工具模仿操、乐器动作操等。按照幼儿动作发展的水平，每半岁为一个阶段，每阶段可选用1～2套操，每套动作可有2～5种。

(1) 方法。保育员在教前应先熟悉并能正确地做全套动作，要采用游戏的形式逐步教会幼儿，并反复练习，让幼儿在熟练的基础上按音乐的节奏做操。可在户外场地上，在画有圆圈或方形的范围内，让幼儿四散做操；熟练后也可在有标记的场地上站队做。领操的保育员要按音乐正确、完整地做操，起到示范作用，另一名保育员则要进行个别辅导，并要注意激发幼儿的愉快情绪。

(2) 注意事项

1) 保育员示范动作要正确，但不强求幼儿姿势正确。

2) 选择操节要注意幼儿的年龄特点，动作不宜过多。

4. 花色操

花色操适用于2~3岁的幼儿，是幼儿在音乐伴奏下，手持各类小物件做各种动作，如花操、响铃操、纱巾操、玩具操、彩带操等。花色操活泼，富有情趣，并能营造气氛。

（1）方法。该操的方法类同于模仿操，除此以外，保育员还要培养幼儿在操前有秩序地拿应持的物品。物品可放在易拿的、固定的地方，幼儿可听着音乐或口令一个个地拿，保育员可帮助幼儿拿好物品，或将物品套在手腕上，做操完毕要培养幼儿有秩序地将物品放回。

（2）注意事项

1）手持物要小而轻，不妨碍动作，色彩鲜艳。

2）音乐可自选，动作可创编，应注意情趣。

5. 操作技能训练

（1）观看婴儿保健操。

（2）学做托班模仿操。

二、幼儿园体操

1. 幼儿广播体操

幼儿广播体操适用于3~6岁的幼儿，它是以徒手为基础的，具有韵律和模仿性，可按小、中、大班年龄选用各种广播体操。

幼中班拍手操（各节操均为两个8拍），见表12—10。

表12—10　　　　　　　　　　幼中班拍手操

节数	名称	预备姿势	动作
第一节	上肢运动	直立	（1）两臂侧平举 （2）两臂向前击掌一次 （3）同动作（1） （4）还原成直立 （5）~（8）同动作（1）~（4）
第二节	下蹲运动	直立	（1）两臂侧平举 （2）两腿屈膝半蹲，同时两臂屈肘在左肩前击掌一次，头自然左倾 （3）同动作（1） （4）还原成直立 （5）~（8）同动作（1）~（4），但动作方向相反
第三节	扩胸运动	直立	（1）（2）两臂屈肘在胸前击掌两次 （3）（4）两臂在胸前平屈（掌心向下），后振两次 （5）~（8）同动作（1）~（4） 第二个8拍的最后一拍还原成直立
第四节	体转运动	直立	（1）两臂侧平举 （2）上体左侧转，同时两臂屈肘，在肩前方击掌一次 （3）同动作（1） （4）还原成直立 （5）~（8）同动作（1）~（4），但动作方向相反

续表

节数	名称	预备姿势	动作
第五节	腹背运动	直立	（1）两臂侧平举 （2）上体前屈，同时两臂在体前方击掌一次 （3）同动作（1） （4）还原成直立 （5）～（8）同动作（1）～（4）
第六节	跳跃运动	直立	（1）（2）两臂屈肘在胸前击掌两次 （3）（4）两手叉腰，上跳两次 （5）～（8）同动作（1）～（4）
第七节	整理动作	直立	（1）（2）起踵，两手空拳向前提起 （3）（4）还原 （5）～（8）同动作（1）～（4）（做一个8拍）

2. 器械操

器械操适用于4～6岁的幼儿，是幼儿在音乐伴奏或口令的指挥下，手持各种轻器械做各种动作。该操具有一定的运动量，并富有情趣，如哑铃操、球操、绳操、棒操、圈操等。

3. 韵律操

韵律操适用于4～6岁的幼儿，它以徒手为基础，吸取了现代舞的特点，结构新颖、动作有力、节奏轻快，能提高表现力和协调性，如健身操、双人操、舞操、卡通操、泳操等。

4. 注意事项

（1）保育员在幼儿进行体操前，先要做好户外场地的清洁和安全工作。

（2）准备做操的用具，可略多于人数，操毕要收拾好。

（3）做好幼儿的护理工作，如操前要检查幼儿的衣、裤、鞋，脱去外套，组织大小便，操中要配合教师辅导并照顾好幼儿，并注意幼儿上下楼梯和进出活动室的安全。

思 考 题

1. 婴幼儿音乐活动的意义与任务？
2. 婴幼儿音乐活动的主要形式？
3. 婴幼儿在哪个年龄阶段学习打击乐较为适宜？
4. 音乐活动前保育员应做好哪些准备工作？
5. 什么是音名，什么是唱名？
6. 什么是增时线，减时线，附点音符，拍号和变化音记号？
7. 婴幼儿美工活动的意义与任务是什么？

8. 婴幼儿美工活动的主要形式有哪些?
9. 婴幼儿美工活动前保育员应做好哪些准备工作?
10. 婴幼儿美工活动的注意事项是什么?
11. 婴幼儿各个年龄阶段的体操形式有哪些?
12. 做婴儿保健操需注意哪些事项?
13. 进行托班模仿操的方法及注意事项?
14. 为配合教师完成幼儿各种操节,保育员应做好哪些工作?

知识考核模拟试卷

一、判断题（下列判断正确的请打"√"，错误的打"×"；每题1分，共50分）

1. 婴幼儿午睡时要加强巡回检查，尤其要注意不能让婴幼儿蒙头睡。（   ）
2. 婴幼儿坐盆时间应控制在5～10 min。（   ）
3. 微生物对人体都是有害的。（   ）
4. 打扫卫生的操作顺序应从上到下，从清洁区到污染区。（   ）
5. 婴幼儿洗脸的顺序是眼、脸、嘴、鼻、耳。（   ）
6. 生活活动中教育工作由教师负责，保育工作由保育员负责。（   ）
7. 保育员和幼儿食前便后用流动水洗手即可。（   ）
8. 开窗通风是托幼机构首选的空气消毒方法。（   ）
9. 托幼机构中生活活动的主要内容包括睡眠、进餐、饮水、排便、盥洗、着装。（   ）
10. 肥胖儿要少吃高热量、高脂肪、粗纤维的食物，要养成良好的饮食习惯。（   ）
11. 托幼机构用蒸汽消毒毛巾应在水开后计时10 min。（   ）
12. 孩子刚跌伤或扭伤应立即热敷，以防血肿加剧。（   ）
13. 模仿操适合于1岁半至3岁的婴幼儿，要求保育员的示范动作必须正确，而不强求婴幼儿动作姿势正确。（   ）
14. 婴儿保健操一般安排在婴儿醒后或进餐前后1 h进行，做操时保育员应态度亲切，动作轻柔，不佩戴首饰，保持室内空气流通。（   ）
15. 孩子高热给予冷敷时，发生寒战应立即停止，并注意保暖。（   ）
16. 正常的大便可以含有少量的黏液和脓液。（   ）
17. 美工活动是为了锻炼婴幼儿大肌肉动作，培养他们对美工活动的兴趣。（   ）
18. 婴幼儿美工活动的形式有绘画、纸工、泥工和综合性美工活动。（   ）
19. 测量体温前应将体温表甩至36℃以下。（   ）
20. 孩子鼻出血时可用卷纸填塞鼻腔，压迫止血。（   ）
21. 打击乐是婴幼儿音乐活动中的重点活动，所以，从2岁起就要培养。（   ）
22. 学习活动中的安全工作归纳起来就是指为婴幼儿提供一个安全的物质条件。（   ）
23. 幼儿期是指3岁前的儿童所处的阶段。（   ）
24. 生长发育的第一高峰期是在婴儿期。（   ）
25. 婴幼儿生理负荷应以强度大的有氧练习为主，训练中"强度大些，密度小些，时

间较短,强调节奏"比较符合婴幼儿生理特点。   (   )
26. 在婴幼儿运动中,保育员只要做好运动前的准备和运动后的收整工作即可。
                                                                    (   )
27. 体重增加的速度,随年龄的增长而增加。   (   )
28. 传染病就是由病原微生物和寄生虫感染人体后产生的疾病。   (   )
29. 保育员要在教师的指导下观察、参与和照顾幼儿的游戏,仔细做好保育护理工作,更要关注幼儿的个体差异,做好个别指导和照顾。   (   )
30. 决定婴幼儿心理发展的因素主要是遗传。   (   )
31. 处于幼儿期的儿童与外界接触较多,免疫力较低,易患传染病。   (   )
32. 维生素 D 缺乏性佝偻病是由于紫外线照射不足引起的。   (   )
33. 心理是人脑对客观现实的反映,是研究人的心理发生发展的过程。 (   )
34. 思维是智力发展的核心,是人认识过程发展的高级阶段。   (   )
35. 包茎的手术适宜年龄为 4~5 岁。   (   )
36. 婴幼儿心理发展一般是从不随意向随意、从具体向抽象、从个别零散的认识向整体有系统的认识方向发展。   (   )
37. 托幼园所可有全日制、半日制、定时制、季节制和寄宿制,这体现了办学的灵活性。   (   )
38. 基础代谢是维持人体在清醒而安静的状态下,在环境温度 18~25℃时维持生命基本活动所需的最低热能。   (   )
39. 2~3 岁幼儿的食物烹调应切粗丝、小片、小丁、去骨、去刺煮软。 (   )
40. 三大营养素所产生的热能占总热能的比例,蛋白质 50%~60%,脂肪 25%~30%,碳水化合物 12%~15%。   (   )
41. 幼儿园是对 3 周岁以上学龄前幼儿实施教育的机构。   (   )
42. 保育员的职责是做好环境的清洁工作及保管好班级的设备、用具。 (   )
43. 幼儿的进餐时间不小于 30 min,两餐间隔 3~4 h,早点与午餐的间隔不小于 2 h。
                                                                    (   )
44. Ⅰ度烫伤属于一般伤害,Ⅱ度烫伤属于责任伤害。   (   )
45. "托儿所、幼儿园的保健员、保育员、营养员应当接受有关专业知识的培训和技术等级考核,取得相应的技术等级证书。"这是《上海市母婴保健条例》所规定的。
                                                                    (   )
46. 婴幼儿的思维发展是从具体形象思维开始向抽象逻辑思维方向发展。(   )
47. 幼儿脚不慎被开水烫伤,第一步急救措施应立即脱去鞋袜,观察创面。(   )
48. 幼儿在玩耍时摔伤头部,当时虽无呕吐和皮肤破损,保教人员也务必要告诉家长。   (   )
49. 没有人脑就没有人的心理,人脑受损,人的心理也就不正常。   (   )

50. 外耳道异物可引起耳鸣、耳痛、外耳道炎症,发现后应及时用镊子夹出。(   )

二、单项选择题(下列每题的选项中,只有1个是正确的,请将其代号填在横线空白处;每题1分,共50分)

1. 湿热敷的水温应选择_____℃。
   A. 10～20   B. 40～50   C. 50～60   D. 以上都是

2. 以下哪些属于危险物品_____。
   A. 布娃娃   B. 小珠子   C. 长毛熊   D. 木制拖车

3. 保育员为婴幼儿盥洗时应注意的问题包括_____。
   A. 防烫伤、防着凉   B. 防烫伤、防滑倒
   C. 防着凉、防滑倒   D. 防烫伤、防滑倒、防着凉

4. 保育员在婴幼儿进餐中应注意的问题是_____。
   A. 教导幼儿进餐时细嚼慢咽,咽下最后一口离开饭桌
   B. 不要引导幼儿争抢第一或吃得最多
   C. 不要在进餐时训斥婴幼儿和处理问题,不要在婴幼儿哭时喂食
   D. 以上都是

5. 发现孩子大便带有鲜红色便,应考虑以下哪个疾病_____。
   A. 消化道出血   B. 肠套叠   C. 肛裂   D. 细菌性痢疾

6. 当孩子出现血尿时应考虑_____。
   A. 肾炎   B. 肝炎   C. 肠炎   D. 服用B族维生素

7. 保育员在护理婴幼儿排便时,冬季要注意何处保暖_____。
   A. 腰部、腹部   B. 腹部、腿部
   C. 腹部、膝盖部   D. 腰部、腹部、膝盖部、腿部

8. 婴幼儿洗澡的正确次序是_____。
   A. 颈、胸、后背、两腿、两脚、臀部
   B. 颈、腹、两臂、后背、臀部、两腿、两脚
   C. 颈、胸、腹、后背、两臂、两腿、臀部、两脚
   D. 颈、两臂、胸、腹、后背、臀部、两腿、两脚

9. 孩子鼻出血止住后,应在_____内避免剧烈活动。
   A. 20～30 min   B. 1～2 h   C. 3～4 h   D. 1～2 天

10. 引起细菌致病的条件和_____无关。
    A. 毒力   B. 入侵数量   C. 入侵时间   D. 入侵途径

11. 保育员培养婴幼儿有良好的饮水习惯应是_____。
    A. 提醒他们喝水,每次尽可能喝足
    B. 帮助他们学会口渴就主动去喝水
    C. 提醒他们不能喝得太快,喝水时不要说笑

D. 以上都是

12. 婴幼儿进餐的保育任务应包括_____。
    A. 教育婴幼儿吃完自己的一份食物
    B. 使婴幼儿愉快地吃完自己的一份食物，并培养其良好的饮食习惯和进餐能力
    C. 不训斥婴幼儿
    D. 教会婴幼儿学会自己吃饭

13. 痢疾杆菌是_____的病原菌。
    A. 流感   B. 菌痢   C. 甲肝   D. 麻疹

14. 预防性消毒的目的是_____。
    A. 控制传染源   B. 切断传播途径
    C. 保护易感儿   D. 采取消毒措施

15. 婴幼儿音乐活动的意义是_____。
    A. 使婴幼儿情绪愉快
    B. 培养婴幼儿对音乐的感受力
    C. 促进婴幼儿智力和身体健康
    D. 使婴幼儿情绪愉快，培养对音乐的感受力，促进其智力和身心健康

16. 附点音符中附点的作用是延长原有音符时值的_____倍。
    A. 1   B. 2   C. 1/2   D. 1/4

17. 托幼机构消毒食具、茶杯应用_____。
    A. 煮沸消毒   B. 紫外线照射 C. 碘伏浸泡   D. 开水泡

18. 餐具在进行预防性消毒时，_____。
    A. 水开后再煮沸 2 min   B. 水开后再煮沸 5 min
    C. 水开后再煮沸 10 min   D. 水开即可

19. 适合做竹竿操的幼儿年龄是_____岁。
    A. 1～1.5   B. 1.5～2   C. 2～2.5   D. 2.5～3

20. 幼儿园 3 岁以上的幼儿体操形式主要有_____。
    A. 花色操、韵律操、模仿操   B. 广播操、器械操、韵律操
    C. 广播操、花色操、竹竿操   D. 花色操、模仿操、器械操

21. 盥洗室进行预防性消毒应用_____mg/L 有效氯消毒剂。
    A. 100   B. 200   C. 250   D. 500

22. 2 岁后幼儿平均每年体重增长近_____kg。
    A. 1   B. 2   C. 2.5   D. 3

23. 婴幼儿美工活动时，光线的方向应从_____方位射入为宜。
    A. 正上   B. 正前   C. 左上   D. 右上

24. 婴幼儿绘画时，如阳光直射桌面，教师应_____。

A. 拉上窗帘，打开日光灯　　　　　B. 移动桌子
　　C. 暂停绘画　　　　　　　　　　　D. 调换教室

25. 儿童语言发展的关键期为_____。
　　A. 1 岁　　　B. 2 岁　　　C. 3 岁前　　　D. 4 岁前

26. 以下都是婴幼儿体格锻炼的好处，除了_____。
　　A. 增强体质　　　　　　　　　　B. 促进生长发育
　　C. 增强体育竞技水平　　　　　　D. 培养良好的品质

27. 人的心理发展过程主要包括_____。
　　A. 认识过程、情感过程、意志过程
　　B. 认识过程、个性过程、感知过程
　　C. 注意过程、感知过程、思维过程
　　D. 感知过程、个性过程、注意过程

28. 影响婴幼儿心理发展的主要因素是_____。
　　A. 生物环境、生理环境　　　　　B. 遗传环境、生物环境
　　C. 生理环境、社会环境　　　　　D. 生物环境、社会环境

29. 传染病的传播流行有_____个环节。
　　A. 2　　　B. 3　　　C. 4　　　D. 5

30. 以下哪个是不正确的_____。
　　A. 流行性腮腺炎的医学观察期为 14 天
　　B. 水痘的医学观察期为 21 天
　　C. 细菌性痢疾的医学观察期为 7 天
　　D. 甲型肝炎的医学观察期为 45 天

31. 《幼儿园工作规程》施行的时间是_____。
　　A. 1990 年 2 月 1 日　　　　　　B. 1996 年 6 月 1 日
　　C. 1997 年 3 月 1 日　　　　　　D. 1990 年 6 月 1 日

32. 幼儿园体、智、德、美诸方面的教育应_____。
　　A. 以体为主　　　　　　　　　　B. 以德为主
　　C. 互相渗透，有机结合　　　　　D. 重视智力发展

33. 以下哪个血红蛋白值属于中度贫血_____g/L。
　　A. 90～110　　　B. 90～100　　　C. 60～90　　　D. 30～60

34. 急性流行性结膜炎是由_____。
　　A. 金黄色葡萄球菌引起的　　　　B. 化脓型球菌引起的
　　C. 腺病毒引起的　　　　　　　　D. 以上均不是

35. 保育员要为人师表，具有良好的品行是因为_____。
　　A. 要得到别人的尊重

B. 托幼园所岗位职责所规定

C. 婴幼儿年龄小、模仿性强，易产生影响

D. 社会公德的要求

36. 托幼园所应当贯彻_____。
    A. 以教育为主的原则   B. 以保育为主的原则
    C. 以教学为主的原则   D. 保教结合的原则

37. 以下哪个不是引起龋齿的原因_____。
    A. 细菌   B. 牙齿本质结构
    C. 饮食   D. 刷牙年龄

38. 保育员要配合和协助教师观察婴幼儿在运动中的活动量，一般以出_____为宜。
    A. 大量出汗   B. 较多的汗   C. 满头大汗   D. 微汗

39. 婴幼儿运动中的安全工作要注意_____。
    A. 活动场地的安全，婴幼儿是否穿好衣裤，系好鞋带
    B. 运动的设备、器具和玩具的安全
    C. 活动场地、设备器具的安全，婴幼儿是否穿好衣裤，系好鞋带，以及自我保护意识的培养
    D. 婴幼儿自我保护意识的培养

40. 人体必需的三大营养素有_____。
    A. 蛋白质、脂肪、碳水化合物   B. 维生素、无机盐、水
    C. 蛋白质、脂肪、维生素   D. 以上都不是

41. 午餐时，放在走廊角落的热汤锅被幼儿碰翻而发生烫伤事件，其原因是_____。
    A. 孩子太顽皮   B. 地方太小   C. 保育员违规操作   D. 以上都是

42. 选择玩具要注意_____。
    A. 符合年龄特点   B. 安全卫生
    C. 教育性、美观和经济实用 D. 以上都是

43. 保育员在婴幼儿游戏中的作用是_____。
    A. 做好游戏前的准备工作   B. 做好准备、参与游戏、收拾整理工作
    C. 参与游戏，做孩子游戏的伙伴 D. 游戏结束后的收拾整理工作

44. 组织幼儿外出活动乘车时，下列哪项做法不妥_____。
    A. 每个幼儿都有座位   B. 幼儿可坐第一排
    C. 关闭车窗   D. 保教人员能观察到每个幼儿

45. 嬉水活动的水深根据幼儿的年龄而定，一般游泳水深不超过幼儿的_____。
    A. 胸部   B. 颈部   C. 膝部   D. 腰部

46. 婴幼儿的游戏应从简单到复杂，可以分为_____。
    A. 角色游戏、结构游戏、活动性游戏

B. 娱乐游戏、音乐游戏、表演游戏

C. 智力游戏、玩沙玩水和玩雪的游戏

D. 以上都是

47. 婴幼儿阅读时要注意卫生，一般书本与眼的距离保持在_____ cm。

  A. 25～30   B. 30～35   C. 35～40   D. 40～45

48. 幼儿头部摔伤，成人应对其观察_____ h。

  A. 12   B. 24   C. 48   D. 72

49. 个性是比较稳定，且经常出现的与别人不同的心理特征，它主要包括_____。

  A. 能力、气质、性格   B. 兴趣、能力、需要

  C. 个性倾向性、个性特征   D. 个性特点、个性心理特征

50. 热能的生理功能是_____。

  A. 维护人体基础代谢   B. 食物特殊动力作用的需要

  C. 生长发育、运动与排泄的需要   D. 以上都是

知识考核模拟试卷答案

一、判断题

1. √ 2. √ 3. × 4. √ 5. √ 6. × 7. × 8. √ 9. √
10. × 11. × 12. × 13. √ 14. √ 15. √ 16. × 17. × 18. √
19. × 20. × 21. × 22. × 23. × 24. √ 25. × 26. × 27. ×
28. × 29. √ 30. × 31. √ 32. × 33. × 34. √ 35. √ 36. √
37. √ 38. × 39. × 40. × 41. × 42. × 43. √ 44. × 45. √
46. × 47. × 48. √ 49. √ 50. ×

二、单项选择题

1. B 2. B 3. D 4. D 5. C 6. A 7. D 8. C 9. C 10. C
11. D 12. B 13. B 14. B 15. D 16. C 17. A 18. C 19. A
20. B 21. D 22. B 23. C 24. B 25. C 26. C 27. A 28. D
29. B 30. A 31. B 32. C 33. C 34. C 35. C 36. D 37. D
38. D 39. C 40. A 41. C 42. D 43. B 44. B 45. D 46. D
47. B 48. B 49. C 50. D

技能考核模拟试卷

一、专业素养

题目	内容	要求	评分标准	时限(min)	配分	等级	得分
根据所给内容折纸	小猫头	1. 形象正确 2. 折叠整齐	A. 全部符合要求 B. 1或2略欠缺 C. 1, 2均欠缺 D. 1, 2均差	8	10		
按所给内容简谱视唱	简谱如下	1. 节拍正确 2. 音域高低正确 3. 声音自然响亮	A. 全部正确 B. 错1小节 C. 错2~3小节 D. 错4小节以上	2	10		

```
1=G  3/4
5·656 | 1·212 | 323 16 | 5·656 | 1·212 | 32 16 56 | 1·21 | 1—0 |
5  5— | 5 3 2 | 3 23 16 5·6 50 | 1·212 | 32 16 56 | 1·21 | 1—0 ‖
```

二、托幼机构物品的清洁与保管

题目	内容	要求	评分标准	时限(min)	配分	等级	得分
被褥的清洁、保管	1. 被褥每月清洗1~2次，每1~2周日晒1次（传染病除外），折叠整齐 2. 随季节变化及时更换被褥，注意不脱线 3. 被褥收藏时应先清洗消毒、日晒晾干后储藏；使用前应先日晒 4. 储藏室（柜）应保持整洁、干燥、通风	被褥清洁、日晒及储藏的要求	A. 全部正确 B. 少1点 C. 少2点 D. 少3点以上	4	15		

三、配合教育活动

题目	内容	要求	评分标准	时限(min)	配分	等级	得分
户外活动中的保育工作	1. 幼儿出现有危险动作或危险情景时应予以制止、提醒或引导 2. 若发现幼儿满面通红、汗量过多，活动量过大时，应提醒休息，帮助擦汗，适量喝水；对个别身体较差或病后初愈儿应适当减少活动量 3. 对个别不愿意进行活动或动作不太协调的幼儿应积极鼓励，一起参与，并帮助完成	从三个不同方面进行观察和保育	A. 全部正确	6	10		
			B. 少1点				
			C. 少1点，另一点不全				
			D. 少2点以上				

四、生活管理

题目	内容	要求	评分标准	时限(min)	配分	等级	得分
对进餐中幼儿出现不同情况的保育	1. 劝不主动吃饭的幼儿试着尝一口；并使用语言鼓励，及时表扬 2. 与吃饭较快的幼儿同桌吃；少盛多添，及时表扬 3. 提醒多咀嚼；餐前喝一碗汤或多吃素菜，少吃高脂肪、高糖、高热量的食物	从下列情况中各采取两种保育措施： 1. 不肯吃素菜的幼儿 2. 吃饭特别慢的幼儿 3. 吃饭特别快的肥胖幼儿	A. 全部正确	8	25		
			B. 1个方面不全				
			C. 2个方面不全				
			D. 少2点以上				

五、玩具的清洁与消毒

题目	内容和要求	评分标准	时限(min)	配分	等级	得分
玩具清洁	1. 木制玩具用湿抹布擦洗 2. 塑料玩具先用洗涤剂洗，再用流动水清洗干净 3. 户外大型运动器具用湿抹布擦洗 4. 玩具每周清洗1次	A. 全部正确	4	15		
		B. 错1点				
		C. 错2点				
		D. 错2点以上				

续表

题目	内容和要求	评分标准	时限(min)	配分	等级	得分
玩具消毒	1. 木制玩具、户外大型运动器具用消毒液擦拭 2. 塑料玩具清洗干净后用消毒液浸泡30 min，再用流动水冲净，晾干 3. 图书松散地放置在日光下暴晒 4. 玩具一般每周消毒1次，但婴托班和发生传染病的班的玩具应加强消毒	A. 全部正确 B. 错1点 C. 错2点 D. 错2点以上	4	15		

六、水痘的主要症状及预防要点

题目	内容和要求	评分标准	时限(min)	配分	等级	得分
水痘的主要症状	1. 发热 2. 皮疹多见于头部、面部或躯干，四肢远端较少 3. 同一部位丘疹、斑疹、疱疹、结痂同时存在	A. 全部正确 B. 错1点 C. 错2点 D. 错2点以上	4	15		
水痘的预防要点	1. 应将患儿立即隔离至旧痘结痂，无新痘出现 2. 开窗通风，空气消毒。接触物品终末消毒 3. 发病班级应当医学观察21天 4. 加强晨检及全日观察。不并班、不串班、不收新生	A. 全部正确 B. 错1点 C. 错2点 D. 错3点以上				